Oswald Chambers

토기장이

"우리는 진흙이요 주는 토기장이시니
우리는 다 주의 손으로 지으신 것이라"(이사야 64:8)

오스왈드 챔버스의 제자도

Disciples Indeed

This edition copyright ©1955 by Oswald Chambers Publications Assn., Ltd.
All rights reserved
Published by special arrangement with Discovery House Publishers,
3000 Kraft Avenue SE, Grand Rapids, Michigan 49512 USA.

Korean translation copyright ⓒ 2011 by Togijangi Publishing House
Togijangi B/D 3F, Mangwonro 26, Mapogu, Seoul 121-822, Korea

This Korean edition is published by arrangement with Discovery House Publishers(3000 Kraft Avenue SE, Grand Rapids, Michigan 49512 USA.)

본 저작물의 한국어판 저작권은 Discovery House Publishers 와의 독점 계약으로 한국어판권을 '도서출판 토기장이'가 소유합니다. 저작권법에 의하여 한국 내에서 보호를 받는 저작물이므로 무단 전재와 무단 복제를 금합니다.

특별한 표기가 없는 모든 성경 구절은 개역개정성경을 인용한 것입니다.

오스왈드 챔버스의 제자도

오스왈드 챔버스 지음 · 스데반 황 옮김

토기장이

차례

1부. 제자를 향한 외침

01 • 하나님의 부르심 … 009

02 • 하나님의 성품 … 012

03 • 믿음 … 018

04 • 성경 … 024

05 • 체험 … 029

06 • 성령 … 034

07 • 도덕률 … 043

08 • 인격성 … 047

09 • 인격적 관계 … 053

10 • 기도 … 059

11 • 구속 … 065

12 • 성결 … 070

13 • 죄 … 076

14 • 예수님의 가르침 … 083

15 • 유혹 … 089

16 • 간증 … 093

2부. 제자의 또 다른 이름, 사역자를 향한 외침

17 • 메시지 … 099

18 • 메시지 준비 … 109

19 • 연구 … 113

20 • 사고(thinking) … 118

21 • 하나님을 위한 사역자 … 125

역자 후기

1부 · 제자를 향한 외침

01 하나님의 부르심

만일 하나님께서 무엇을 하실 수 있는지 그 능력에만 집중한다면 우리가 말할 수 있는 것은 기껏해야 논리적인 교리일 뿐이다. 그러나 만일 우리가 하나님의 부르심을 들었다면 언제나 주 예수 그리스도의 인격Person, 위격에 집중하게 될 것이다.

예수 그리스도의 완벽한 통치 아래에 있지 않은 감정이나 사역의 부름을 거절하라. 그러나 만일 하나님의 부르심을 듣고도 순종하기를 거절한다면 당신은 가장 둔하고 어리석은 그리스도인이 될 것이다. 그 이유는 예수 그리스도를 인격적으로 만난 후에도 순종을 거절하였기 때문이다.

그러나 이 땅에서의 어떤 체험 때문에 하나님의 부르심을 받았다고 오해하지 말라. 하나님의 부르심은 당신의 모든 체험보다 더 중요하다는 사실을 기억하라. 당신의 소명을 위압할 수 있는 것은 아무것도 없다.

하나님의 음성을 들으며 섬기는 자는 결코 지치지 않는다. 사람이 아닌 하나님으로부터 그 섬김의 동기가 시작되기 때문이다. '소명'은 내면의 동기가 하나님께 사로잡힌 상태로서, 모든 사람을 예수님의 제자로 만드는 목표를 위해 다른 목표들을 다 버리는 것이다. 하나님께서 친히 부르신 사람이 그 일을 진행하기 위해 뽑은 사람보다 수백 배 더 귀하다.

하나님의 부르심을 기다려야 한다는 생각은 잘못된 것이다. 먼저 당신이 하나님의 부르심을 실현할 수 있는 상태인지 살펴보라사 6:8. 하나님께서 당신을 부르실 때 아무도 그 부르심에 순종하는 것을 방해하지 못하도록 하라. 하나님께서 원하시는 대로 자신을 내어 드리라.

주님은 당신이 어디에 있는지, 또 언제 당신이 주의 손 안에서 '찢겨진 빵'이 되어야 하는지 정확하게 아신다. 하나님의 부르심이 있어야 동료를 돕는 것은 아니다. 동료를 돕는 것은 모든 인간이 마땅히 할 일이다. 그러나 우리가 하나님의 동역자로서 준비되려면 초자연적인 하나님의 은혜가 필요하다.

만일 누군가가 복음 전파를 위해 부름을 받게 된다면 하나님은 그를 짓이기셔서 그의 눈빛, 삶의 능력, 마음의 열정 등 모든 것이 오직 주님께 집중되도록 하실 것이다. 그 과정은 쉽지 않다. 이는 '성도'가 되는 과정을 넘어서 하나님의 부르심에 합당한 '사역자'가 되는 과정이기 때문이다.

02
하나님의 성품

"본래 하나님을 본 사람이 없으되 아버지 품속에 있는 독생하신 하나님이 나타내셨느니라" 요 1:18.

그리스도인은 예수 그리스도의 권위를 인정하고 그분이 하나님에 대하여 증거하시는 모든 것을 믿는 사람이다.

아무런 도움을 받지 않은 상태에서 우리의 지성만으로는 하나님에 대하여 전혀 알 수 없다. 그리고 우리의 상식으로 추측한 하나님에 대한 지식으로는 아무런 영향력을 행사할 수 없다. 우리의 지성으로 하나님을 입증하는 것은 불가능하다. 다시 말해 예수 그리스도를 통해 드러난 의와 공평을 깨달을 때 우리는 하나님을 증거할 수 있다.

어려움 가운데 서 있을 때 우리는 하나님의 섭리를 다 이해할 수 없을지도 모른다. 그러나 그분을 향한 믿음을 보일 수는 있다. 예수 그리스도는 우리에게 하나님에 대해 증거하신다. 당황하는 하나님, 헷갈리는 하나님, 우리가 처한 문제에 무관심한 하나님이 아닌 인간의 모든 상황에 함께하시는 하나님을 계시하신다. 이성주의자들이 죄와 불의와 질병과 죽음을 지적하면서 "이러한 문제에 대해 하나님은 어떻게 대답하실 것인가?"라고 물을 때 우리에게는 분명한 답변이 있다. 바로 그리스도의 십자가다.

우리는 하나님을 영화롭게 하고자 하는 동기를 가지고 있으면서도 "하나님의 섭리는 도대체 이해할 수 없어!"라며 종종 불평하고 하나님의 성품을 의심할 때가 있다. 결코 하나님의 성품을 우습게 여기지 말라. 순종할 준비가 되어 있지 않으면 결코 하나님으로부터 답변을 들을 수 없는 문제들이 있다. 그럴 때는 하나님의 답변을 들을 때까지 아무런 판단을 내리지 말고 인내함으로 기다리라. 때론 하나님의 섭리 가운데 어두운 밤을 지날 때도 있을 것이다. 그러나 가까이서 그분을 대하면 충만한 평화와 기쁨 가운데 주의 섭리가 무엇인지 인내하며 기다릴 수 있게 된다. 하나님의 계획은 처음과 나중이 뚜렷함을 기억하라.

또한 하나님은 죄로 인해 무질서해진 이 세상의 역사 가운데 일하신다. 그리스도인은 내재하시는 성령의 능력으로 궁극적인 문제를 보는 자들이다. 시편 기자는 악인의 형통을 보며 혼란스러웠다시 73:1-12. 하나님의 궁극적인 목적은 거룩함의 회복이다. 주님은 이 목적에 대항하는 모든 것을 향해 그분의 능력을 조금도 아끼지 않으신다. 진리의 말씀을 대할 때 하나님을 지혜롭지 않으신 분처럼 여기지 말라.

우리는 자신의 삶에서 소중하다고 생각하는 것을 위해 위험을 무릅쓴다. 그러나 하나님을 위해서는 아무런 위험도 무릅쓰려고 하지 않는다. 하지만 하나님께서 확신을 주셨다면 그 확신하는 바를 믿고 붙들라. 그리고 자신이 붙든 것 외에 다른 것을 믿는다고 고백하지 말라. 만일 하나님이 사랑이심을 믿는다고 고백했다면 끝이 보이지 않는 고통 속에서 하나님이 잔인하신 것처럼 보일지라도 자신의 믿음을 놓지 말라.

격분한 영혼에게 하나님을 설명하려고 하지 말라. 우리는 그렇게 할 수 없다. 욥의 친구들처럼 모든 것을 설명해 버리는 사람이 되지 말라. 자신이 모든 상황을 설명할 수 있다는 생각 자체가 매우 어리석다. 하나님께서 빛을 비추실 때까지 상대의 영혼 곁에서 기다려라.

하나님은 각 사람의 삶을 각기 다른 방식으로 다루신다. 욥의 상황을 그의 친구들이 이해할 수 없었던 것처럼 다른 사람의 상황을 우리는 다 이해할 수 없다. 따라서 다른 사람의 영혼을 다루시는 하나님의 방법을 겸손하게 받아들여라. 많은 사람들이 하나님에 대한 자신의 관점을 관철시키고자 무리할 때가 많다. 하나님을 자신이 만들어 놓은 고정된 틀 속에 제한하려는 것은 위험하다. 하나님에 대한 고정관념을 절대로 바꾸지 않는 종교적인 바리새인이 되기 때문이다.

하나님은 우리의 계획에 따라 일하시는 분이 아니다. 하나님 자신의 뜻에 따라 진실하고 신실하게 행하실 뿐이다. 우리는 자신의 생각대로 이끌려 사는 삶의 태도에서 벗어나 하나님을 인격적으로 신뢰하는 가운데 그분의 인도하심 아래 살아야 한다. 그러나 믿음 안에서의 이러한 발걸음은 언제나 우리의 선입견, 감정적인 이끌림과 서로 부딪히기 마련이다.

다른 사람을 볼 때도 우리는 자신만의 선입견을 가지고 상대를 바라본다. 상대를 있는 그대로 보려면 우리의 내면에 큰 변화가 있어야 한다. 하나님에 대한 우리의 자세도 마찬가지다. 우리는 성경이 계시한 사건에만 주목하며 자신의 생각에 하나님을 끼워 맞출 때가 많다.

하나님을 더욱 사랑할수록 그분을 거룩하신 하나님으로 인식하는가? 아니면 "오, 죄란 그렇게 중요한 문제가 아니다"라고 말씀하시는 어떤 친근한 존재로 인식하는가? 하나님은 강요하시지도 않지만, 그렇다고 인간들과 타협하시는 분도 아니다. 하나님과 타협하려고 하는 것 자체가 그분께 불충성하는 것이다. 하나님의 거룩하심을 외면하는 관점을 주의하라. 이러한 관점은 하나님의 반대편에 서는 시발점이다.

영적 통찰력은 기도나 묵상을 통해 얻어지는 능력이라기보다 우리 삶 속에서 역사하시는 하나님의 섭리를 깨달으며 점차 그분을 알아갈 때 얻어진다.

주님의 선한 역사하심을 경험할 때마다 하나님께 영광 돌리는 것을 배우라. 또한 하나님의 종들을 통해 그 역사들이 일어났음을 분별하라. 마귀가 가장 난리를 치며 분노하는 때는 자신의 의도와는 달리 자신이 하나님의 뜻을 이룬 도구가 되었음을 발견할 때이다. 자신의 유익을 구하며 살아온 자의 인생도 마찬가지다. 마귀가 무엇을 하든 하나님은 그 모든 악을 초월하여 그분의 뜻을 이루신다.

인간의 모든 문명이 산산조각 날지라도 하나님은 눈썹 하나 꿈쩍하지 않으실 것이라는 상상을 해본 적이 있는가? 지나치게 세련된 인간의 문명은 때로 하나님의 질서를 뒤죽박죽으로 만들기도 한다. 문명은 하나님께서 만드신 것이 아니기 때문에 하나님은 문명을 귀중하게 여기지 않으신다. 하지만 은혜의 섭리 가운데 사람을 보호하고, 악을 제어하고, 삶을 개발할 수 있는 수단으로 인간에게 문명을 허락하셨다.

현실에 사로잡히면 하나님께 집중할 수 있는 여유를 잃게 된다. 모든 것이 빈틈없이 안정되면 하나님을 모실 자리가 없다. 하나님을 고려하지 않는 문명이 언제나 혼란을 야기하듯 현실을 앞세우는 사람들의 삶도 마찬가지일 것이다. 하나님을 가장 우선시해야 한다는 점을 잊지 말라.

환난의 때를 보면 하나님은 인간의 예술과 문화를 별로 중요하게 여기시지 않는 것처럼 보인다. 때로 한순간에 문명을 쓸어버리시는 하나님을 향해 인간은 분노를 쏟아 내기도 한다. 하나님의 심판을 통과하는 사람들은 어린아이의 마음으로 그분을 믿는 자들이다. 세상의 눈으로 볼 때 이들은 어리석을 정도로 순수한 믿음을 가진 자들이다.

하나님은 아주 평범하고도 잘 드러나지 않는 방법으로 우리를 찾아오신다. 하나님을 조롱하며 그분이 불의한 것처럼 말하는 자들의 그 어떤 의견도 받아들이지 말라. 하나님은 전례대로 행하신 적이 없다. 그러므로 하나님을 향한 믿음을 과거의 논리나 생생한 체험으로 대신하는 일이 없도록 하라.

하나님은 순종하며 믿음의 발걸음을 내딛는 자에게 승리를 허락하신다. 결코 우리를 무조건적인 심판의 두려움 아래로 짓누르시는 일이 없으시다. 때로 우리는 하나님이 이미 우리의 죄를 아시며, 그 죄가 발생하도록 허락하셨다고 말한다. 그러나 "창세로부터 죽임을 당한 어린 양"이라는 성경 구절을 통해 하나님의 성품은 가장 정확하게 계시된다.

03
믿음

내가 어떤 대상을 믿는다는 고결한 확신이 드는 때는 언제인가? 바로 나 자신이 내가 믿는 존재의 영과 더불어 살고 있을 때이다.

모든 것을 감찰하시는 하나님의 관점에서 삶을 바라보지 않는다면, 우리는 하나님을 믿는다고 말할 권리가 없다. 또한 삶 가운데 자신의 유익을 구하는 대신 성령님께 자신을 내려놓지 않는다면, 우리는 예수님이 하나님의 아들임을 믿는다고 말할 자격이 없다. 더 나아가 남을 용서하지 않는 한, 우리는 하나님의 용서하시는 성품을 믿는다고 말할 권리도 없다. 하나님의 용서하심은 우리가 다른 누군가를 어떻게 용서해야 하는지에 대한 기준이 된다.

믿음이란 나의 전부를 하나님께 맡기는 것이며 자신의 공로에 대한 주장을 다 내려놓는 것이다. 믿음이 그토록 어려운 이유가 여기에 있다.

믿는 사람은 자신의 모든 존재의 기반을 진리 되시는 예수 그리스도께 두는 자이다. 하지만 우리는 예수 그리스도께 충성하기보다는 자신의 확신에 충성하기가 훨씬 쉽다. 주님께 충성하려면 우리의 확신은 변해야 한다. 우리가 가장 많이 실수하는 부분은, 예수님께서 우리에게 부탁하신 대로 주님을 높이는 일은 하지 않으면서 십자가를 교리적으로 설명하려고 애쓰는 것이다.

"내가 땅에서 들리면 모든 사람을 내게로 이끌겠노라" 요 12:32.

우리는 교리 전문가가 되기 위해서가 아니라 예수님을 높이기 위해 보냄을 받았다. 우리가 교리 전문가가 되면, 하나님의 능력이 아닌 인간의 완고함만이 드러나게 될 것이다.

만일 인간의 교리가 하나님의 구속 사역을 막을 경우, 주님은 그 교리를 뒤엎는 사건들을 일으키실 것이다. 교리는 결코 우리의 안내자가 아니다. 교리는 그리스도인의 체험을 설명할 뿐이다. 주님으로부터 멀어질수록 사람들은 자신의 종교적 믿음을 주장하기 위해 더 독단적으로 변한다. 그러나 주님과 가까워질수록 자신의 생각을 조금씩 내려놓고 더욱 주님만을 신뢰하게 된다.

예수 그리스도에 대한 성경의 계시를 받아들이지 않으면 우리는 예수 그리스도를 이해할 수 없다. 예수님을 이해하려면 먼저 예수님께 마음이 가닿아야 한다. 자신만의 선입견을 갖고 예수님께 나아가지 않도록 하라. 성령을 의지하는 가운데 주께 나아가라. 예수님께서는 "그가 내 영광을 나타내리니"라고 말씀하셨다요 16:14. 성경이 예수 그리스도에 대해 주장하는 모든 것을 받아들인다면 우리는 예수님께서 스스로에 대해 말씀하신 것이 진리임을 믿지 않을 수 없게 된다.

성경에서 가장 눈에 띄는 것은 그 무엇보다 우리 주님을 최고로 높이는 점이다. 그러나 오늘날 사람들은 예수 그리스도보다 자신의 믿음이나 교리를 최고로 높인다. 진리는 인격이신 예수님이지 내 신조가 아니다. 만일 우리의 믿음을 논리적인 신조에 둔다면, 우리는 주님께 불충성하게 될 것이다. 교회를 분열시키는 이단들이 특히 그러한데, 그들은 예수 그리스도 대신 그분이 하실 수 있는 '일'에 집중하게 만들고, 영적 체험만을 주목하게 만든다. 그러나 이렇게 하다보면 결국 파선하게 되어 있다.

많은 사람들이 자신만의 특이한 종교적 신조나 사상 때문에 예수 그리스도를 조롱한다. 그러한 단편적인 것들은 많은 오류를 안고 있지만 예수 그리스도 안에 있는 온전한 진리는 그렇지 않다. 지금은 믿지만, 한때는 믿을 수 없다고 말한 것들에 대해 떠올려 보라. 동시에 자신의 존재처럼 자연스럽게 받아들이고 있는 것들도 떠올려 재점검해 보라.

진리, 즉 계시적 사실을 증명하는 것은 불가능하다. 계시적 사실은 있는 그대로 받아들여야 한다. 마치 우리가 상식적인 사실들을 당연히 받아들이는 것처럼 말이다. 다만 우리는 이것을 직면하여 받아들이되, 이것에 대한 사람들의 설명에 대해서는 의심을 가지고 확인해야 한다.

"항상 배우나 끝내 진리의 지식에 이를 수 없느니라" 딤후 3:7.

이러한 상태는 모든 영적 침체의 원인이 된다. 우리는 하나님께서 계시하신 진리를 모두 깨달을 수 없을 것이다. 진리는 우리가 원한다고 해서 밝힐 수 있는 것이 아니기 때문이다. 그러나 진리가 밝혀질 때 조심하라. 그 순간이 바로 우리가 전진하거나 뒤로 물러나는 지점이 될 것이다.

진리는 묵시적인 차원에 속하므로 정의할 수 없다. 한편 모든 사람에게는 진리를 향한 갈망이 있고, 그 갈망은 결코 스스로 만족되지 않는다. 그렇다고 진리를 갈망하는 상태에 머무르는 것만으로도 불충분하다. 하지만 진실한 마음으로 진리를 찾는 사람이라면 모든 사물을 대하면서 그 모든 것의 바탕인 진리로 마음이 쏠리게 된다.

어떤 사람이 "나는 믿을 수 없다"고 말할 때, 그 사람과 그가 믿지 않는 것을 가지고 따지지 말라. 대신 그가 무엇을 믿는지 물어보라. 그리고 그 지점에서부터 대화를 시작하라. 불신앙은 죄에서 비롯되지만, 개인의 성향에서 생길 때도 종종 있다. 모든 사람은 훌륭한 성품의 소유자를 믿는다. 그러므로 예수 그리스도를 역사상 가장 뛰어난 성품의 소유자라고 소개하라. 그리고 그분이 하신 말씀이 진실하다는 것을 전하라. 즉, 누가복음 11장 13절이나 요한복음 3장 16절이 진실한 내용임을 전하고, 상대가 그 내용을 다시 한 번 생각할 수 있도록 기회를 주라.

예수님을 한 번이라도 만난 사람은 그분을 믿으려고 의식적으로 노력할 필요가 없을 것이다. 그러나 예수님을 믿는다고 고백하는 우리가 그 믿음대로, 그분의 성품대로 살고 있는가? 경건주의 운동이 위험한 것은 그 무엇보다 체험의 중요성을 강조하기 때문이다. 경건의 모양에만 마음을 둘 때 우리는 하나님께 가까이 갈 수 없다. 또한 이러한 경건주의의 모습은 성경이 말하는 성도의 모습과도 거리가 멀다. 경건주의 운동은 감정적으로는 주님께 헌신하는 듯이 보이지만 지적으로는 주께 반항하는 자세를 가지고 있다. 방관하고 있는 진리를 다시 강조할지라도, 거룩 운동이 다시 일어나 거룩 그 자체를 의식하기 시작할지라도 경건주의 운동은 사탄의 심부름꾼이 되기 쉽다.

우리는 끊임없이 예수 그리스도 안에서 우리 자신을 평가해야 한다. 왜냐하면 오직 그 방법만이 우리에게 그분의 뜻을 알려 주기 때문이다. 만일 거룩, 성결, 신적 치유, 또는 재림에 대해서만 주목하고 선포한다면 우리는 진리의 궤도에서 벗어나기 쉽다. 모든 시선을 예수 그리스도께서 우리를 위해 하신 일이 아닌, 오직 그분에게만 고정하라. "내가 곧 … 진리요"요 14:6라고 말씀하신 그분께만.

예수님이 누구신지 알고자 한다면 반드시 그분께 순종해야 한다. 대부분의 사람들이 예수님을 알지 못하는 이유는 그분께 순종하려는 마음이 없기 때문이다. 때로 우리는 "순종하고 싶었지만 그 상황에서는 어쩔 수 없었다"라고 말한다. 하지만 그 순간부터 불신앙은 시작된다.

하나님을 믿는 것과 하나님에 대해 믿는 것은 완전히 다른 것이다. 만일 후자에 속한다면 우리는 겉모습만 경건한 위선자가 될 것이다. 하나님 그분을 믿기 위해 하나님에 대해 믿는 것들을 버려야 할 때가 있다. 우리의 삶이 주님을 모독하고 있다면 우리 안에 계신 주님이 우리를 통해 아무것도 하시지 않을 것이다. 이러한 상태에서 예수님을 하나님의 아들로 예배하고, 그분을 이 세상의 구세주로 믿는다고 고백하는 것은 위선이다.

그리스도인에게 가장 위대한 도전은 "하늘과 땅의 모든 권세를 내게 주셨으니"라는 마태복음 28장 18절 말씀을 온전히 믿는 것이다. 우리는 신체적 질병, 죽음, 전쟁, 불의, 가난, 실패 등과 마주할 때 공포와 좌절에 빠진다. 그러나 주님의 완전한 주권을 믿는 자는 모든 악한 일들 가운데서도 결코 공포나 좌절에 빠지지 않는다.

04
성경

'말씀'은 곧 하나님 자신이시다요 1:1. 그러므로 성경의 문자적 의미를 이해하기 전에 주님을 체험적으로 알아야 한다.

오늘날 사람들이 위험 속에 처한 이유는 성경으로부터 영적인 영양분을 공급 받는 대신에 예수 그리스도를 무시하는 사상들에 취해 있기 때문이다. 그들에게 성경 말씀은 계시적 사실이 아니라 허튼 소리에 불과하다. 성경 말씀을 어떻게 받아들일지는 전적으로 우리 자신에게 달려 있다. 하나님은 그분의 진리를 우리 귀에 천둥처럼 울리게 하지 않으신다. 그러므로 계시적 사실들을 받아들이려는 우리의 마음 자세가 무엇보다 중요하다.

사람들은 저마다 어떤 편견이나 선입관을 가지고 있는데, 이것은 계시적 사실들을 이해하는 데 가장 큰 방해 요소가 된다. 성경에 대한 우리의 자세는 오히려 어리석은 것이어야 한다. 사람들은 하나님의 존재를 증명하기 위해 성경을 찾는다. 그러나 하나님의 존재를 알기까지 성경에서 우리는 아무런 의미를 찾지 못할 것이다. 성경은 하나님을 믿는 자들에게 유익한 사실들을 언급하고 확증하기 때문이다.

사람들은 자신이 원하는 대로 성경 말씀을 분석할 수 있다. 그러나 말씀은 하나님을 갈망하는 영혼 안에서만 새 생명을 창조한다.

"너희가 거듭난 것은 … 살아 있고 항상 있는 하나님의 말씀으로 되었느니라" 벧전 1:23.

만일 하나님의 말씀을 선포할 때 어떤 일이 일어나는지 이해한다면 우리는 더욱 부지런히 하나님의 말씀을 선포하게 될 것이다. 주의 종의 입술을 통해 하나님의 말씀이 선포될 때 사탄의 능력이 무력하게 된다는 사실은 상상을 초월하는 놀라운 일이다! 성령이 내재하실 때는 하나님의 말씀을 향한 지독한 갈급함과 사람들을 향한 놀라운 온유함이 나타난다.

그러나 기록된 말씀을 떠나서는 성령의 참된 조명이 있을 수 없다. 스스로의 체험으로부터 오는 영적인 느낌들은 중요하지 않다. 만일 그러한 느낌들에 관심을 쏟는다면 예수님의 말씀을 소홀히 하게 된다. 하나님의 진리는 우리의 영혼을 정확하게 찌른다. 그렇지 않다면 그것이 온전한 진리인지 의심하라. 혼자만의 생각으로 하나님의 말씀을 왜곡하지 않도록 주의하라.

모든 행위의 동기는 분명히 성경 말씀에 근간을 두어야 한다. 그렇지 않으면 잘못된 방향으로 가게 될 것이다. 이때, 스스로 점검해야 할 것은 '내 생각에는 하나님의 뜻이 이러하다'가 아닌 '성경이 무엇을 말하는가'이다.

하나님을 알지 못하고 성경을 하나님의 말씀으로 믿지 않는 자들에게 "성경이 이렇게 말씀하므로"라고 말하거나 "하나님께서 그렇게 말씀하시기 때문에"라고 말하는 것은 적절한 조언이 아니다. 당신이 거듭나지 않은 사람에게 하나님과 성경의 권위를 말한다면 그는 들으려고 하지 않을 것이다. 당신과 같은 입장에 서 있지 않기 때문이다.

우리는 하나님의 섭리 가운데 상대와 공감할 수 있는 영역을 찾아내야 한다. 대부분 도덕적 가치를 이야기할 때 상대와 공감할 수 있는 경우가 많다. 만일 상대가 예수 그리스도의 도덕적 삶과 가르침에 관심을 가진다면 그가 예수 그리스도를 가장 가치 있는 분으로 여길 수 있도록 예수님을 소개하라. 그러면 그는 자연스럽게 주님을 따라오게 될 것이다.

세상에서 인간의 한계를 느끼는 곳마다 말씀만이 유일한 해결책이 되고 하나님만이 유일한 도움이 되신다. 우리가 영적으로 건강하지 않은 이유는 성경을 하나님의 말씀으로 여기지 않고 단지 교과서로만 사용하기 때문이다.

하나님께서 한때 당신에게 말씀하신 것을 우상으로 만들지 않도록 주의하라. 그렇게 되면 점점 당신은 하나님과 멀어져 결국 자신의 강퍅함과 고집, 그리고 과거의 전례에서 벗어나지 못하게 될 것이다.

또한 하나님의 말씀이 다른 사람의 입술을 통해 당신에게 영적 영양분을 주는 성찬이 될 때마다 주님의 음성을 들을 수 있도록 깨어있으라. 하나님을 위한다고 바쁘게 일하다가 거룩에서 벗어나는 경우도 많다. 하지만 하나님의 말씀을 5분 묵상하는 것이 하루 종일 정신없이 일하는 것보다 훨씬 유익함을 기억하라. 성경은 우리에게 귀중한 깨달음을 준다. 성경은 우리에게 흥분이 아닌 영양분을 공급한다. 시간을 내어 성경을 읽으라. 마치 맑은 공기를 마시는 것처럼 우리의 영혼이 소성케 될 것이다.

만일 우리가 하나님의 말씀에 불순종하면 영혼은 기갈하고 비전은 사라지게 된다. 그러나 순종의 길을 택하면 생명력 있는 말씀이 즉시 우리 영혼 속으로 물밀듯이 들어온다. 하나님의 섭리 가운데 우리에게 주어진 상황에서 성경을 읽고 적용하는 것만이 진정한 말씀의 의미를 깨닫는 유일한 방법이다. 즉, 피 흘리는 고통 가운데서라도 성경을 읽은 후 그 말씀을 자신의 삶에 적용하라.

성경 말씀은 성령의 조명을 떠나서는 와 닿지 않는다. 예수님을 시대를 초월한 영웅으로 보는 데 있어서는 영적인 통찰력이 필요하지 않다. 그러나 예수님을 인격적으로 만나기 위해서는 영적인 통찰력이 필요하다. 이런 통찰력은 성경을 통해 하나님과 교제를 나누며 거듭남을 경험할 때 주어진다.

자신이 미리 세워 놓은 교리에 맞추어 성경을 해석하지 않도록 주의하라. 다시 말해 자신의 이론을 세우기 위해 성경을 연구해서는 안 된다. 진정한 진리의 깨달음을 얻기 위해 성경을 연구하라. 그리고 하나님의 말씀을 논리적으로 따지기 전에 먼저 순종하라. "그 이야기를 증명할 만한 성경 말씀을 달라"는 말은 매우 어리석다. 하나님의 계시는 단순히 말씀 한 구절로 증명할 수 있는 것이 아니다. 단지 주의 계시의 핵심을 말할 때 성경 구절을 댈 수 있다. 일반적으로 사람들은 개인의 영적 취향을 증명하기 위해 성경 말씀을 찾는다.

우리는 성경 지식을 쌓으려는 자들이 아니라 복음대로 행하고 수고하는 종이 되어야 한다. 그러할 때 하나님께서는 우리 삶을 생명을 전하는 통로로 삼으실 것이다.

05 체험

사람들은 지나칠 정도로 체험을 소중히 여기는 경향이 있다. 그러나 영적 체험은 우리가 그리스도 안에서 하나님과 하나될 때 나타나는 하나의 현상일 뿐이다. 그러므로 예수님과 동행하기보다 행 4:13 병적으로 체험을 추구하는 습관에 빠지지 않도록 주의하라. 그러한 태도로 얻은 체험들은 가치도 없을 뿐만 아니라 대단히 위험하다.

그리스도인에게 가장 위대한 체험은 성령의 임재하심 가운데 역사적 부활 사건을 실제로 우리의 내면에서 경험하는 것이다.

"내가 그리스도와 그 부활의 권능과 그 고난에 참여함을 알고자 하여…" 빌 3:10.

만일 당신의 체험이 부활하시고 승천하신 그리스도의 삶과 아무런 관계가 없다면 내다 버려라. 하나님에 대한 환상 및 황홀한 체험이 만약 우리를 현실의 삶에서 벗어나게 한다면 이는 우리가 잘못된 길을 걷고 있다는 위험 신호이다. 예수 그리스도와 일치되는 체험은 당장 현실 가운데 그 증거를 드러낸다. 즉, 우리의 유한한 육체가 새 신분을 얻는 것이다. 그렇지 않으면 우리는 쉽게 망상에 빠질 것이다. 우리가 예수 그리스도와의 연합을 통해 '하나님의 의가 된' 새 신분을 얻었다면 이는 우리의 삶 가운데서 가장 강력하게 체험할 수 있다.

성결과 개인적인 거룩을 강조하는 '고상한 그리스도인의 생활' The Higher Christian Life이라고 불리는 성결 운동은 하나님께 대한 불순종이 특징이다. 다시 말해 개인적인 직관과 해석, 체험에 기초를 둔 영적 무질서 상태에서 주 예수님의 말씀에 순복하기를 거절하는 것이다. 구원에 대한 개인적 체험이 우리에게 속죄를 설명할 자격을 주는 것은 아니다. 우리는 은혜로운 구원의 체험을 다른 모든 것을 설명할 수 있는 수단으로 삼으려는 경향이 있다.

우리는 자신의 체험 가운데 하나님께서 어떻게 역사하셨는지에 대한 이야기를 끊임없이 내보이기를 원한다. 그러나 결과적으로 그러한 행동은 사람들을 헷갈리게 한다. 오직 예수 그리스도를 드러내고 그분만을 높이라. 그러면 성령께서 우리에게 이루신 일을 그들 안에서도 이루실 것이다.

우리가 선포해야 하는 대부분의 것들은 절대로 체험할 수 없는 것이다. 그러나 성령을 통해 하나님의 기준이 제시될 때 우리가 그 명령에 어떻게 반응하느냐에 따라 참된 자유를 누릴 수도 있고 정죄를 받을 수도 있다. 체험, 그 자체를 삶의 목표로 삼지 말라. 그러나 믿음의 여정 가운데 경험하는 체험은 건전한 것이다. 영적 기근과 궁핍은 죄로 인하여 겪게 되지만 하나님께서 주신 체험에만 전적으로 의존하여 살 때도 찾아온다. 우리는 체험 자체보다 그것을 허락하시는 하나님을 의지해야 한다. 주 예수님께 집중할 때 우리는 더 이상 체험을 의식할 필요가 없게 된다.

만일 자신의 체험을 자랑하여 다른 사람에게 그 체험을 흉내 내도록 만든다면, 이는 상대를 미혹하여 하나님을 떠나게 하는 것과 마찬가지 일을 하는 것이다. "나는 당신보다 많은 체험을 했으니 내가 하나님의 뜻을 더 잘 분별할 수 있습니다." 이렇게 말한 적이 있는가? 절대로 그렇지 않다. 하나님의 뜻을 이해할 수 있는 근거로서 하나님을 의지하는 것보다 더 중요한 것은 없다. 만일 하나님의 뜻을 이해하는 데 있어서 삶의 체험이나 지식 등 다른 것을 앞세운다면 하나님의 영광을 가로채는 것이다.

사탄은 황홀한 자극을 사용해서 성도들을 탈선하게 만든다. "택한 자라도 미혹하리라"고 예수님은 경고하셨다. 영적인 충동은 사람들을 진리에서 멀어지게 한다. 이때 사탄은 성도들에게 '광명의 천사'로 가장하여 나타난다. 특별한 상황에서 하나님으로부터 오는 빛을 체험하고 나면 사람들은 전능하신 하나님의 능력을 제한할 수 없다는 사실을 망각하고 계속 자신의 체험에 그분을 가두려는 경향이 있다.

나의 체험이 귀중한 것처럼 다른 사람의 체험도 귀중하다. 그러나 체험은 객관적 사건십자가 사건, 부활 사건, 성령 강림 사건 등을 뜻함-역주과는 무관하다. 객관적 사건들은 사람과 상관없이 발생하며, 우리는 그 사건을 받아들여야 한다. 객관적 사건들은 때로 강권적으로 우리 삶에 언제든지 발생할 수 있다. 우리는 이러한 사건을 인정하지 않을 수는 있어도 우리가 원하는 대로 사실들을 조작할 수는 없다. 상식적인 사실이든 계시적인 사실이든 사실은 사실이다. 또한 지식에 의해 영적인 체험을 하게 되는 것은 아니다. 지식은 우리에게 발생한 체험이 무엇인지를 밝혀줄 뿐이다. 우리는 말로 표현할 수 없는 어떤 체험을 의식하게 되면서 황홀함에 젖는다.

성경이 체험의 사건들을 언급할 때마다 각자 자신의 체험을 되돌아보라. 그리고 성경이 계시의 진리를 언급할 때마다 체험이 아닌 하나님을 보라. 종교적인 체험을, 현실의 삶을 감추려는 망토로 삼지 않도록 주의하라. 만일 우리가 하나님과 동행한다면 주께서는 우리의 삶에서 체험이라는 발판을 부수실 것이다. 그 발판을 의지한 채 편협하고 완고한 생각 속에서 하나님의 능력을 제한하는 삶을 살았을지라도 이제는 주의 성령에 이끌리는 삶을 살라.

단 한 번 하나님과의 연합을 체험한 후에 다시는 흔들리지 않고 주께서 보내시는 곳에서 그분이 원하시는 대로 주를 위해 중보 사역을 할 수 있다면, 그보다 더 큰 기쁨이 어디에 있겠는가!

06
성령

성령은 우리의 지식으로 알 수 있는 분이 아니라 하나님으로부터 받는 선물이다. 그러므로 어리석은 자라도 성령을 선물로 받을 수 있다.

"너희가 악할지라도 좋은 것을 자식에게 줄 줄 알거든 하물며 너희 하늘 아버지께서 구하는 자에게 성령을 주시지 않겠느냐"눅 11:13.

성령을 선물로 받는 것은 너무나 간단하기 때문에 단순하지 않은 사람들은 이 선물을 놓친다. 성령을 받으려면 자격이 있어야 한다고 말하지 말라. 사실 우리도 아무 자격이 없다. 스스로 자격이 없다는 것을 알 때 비로소 선물을 구하게 될 것이다.

"너희가 악할 지라도…."

우리의 삶에서 가장 큰 축복이 임하는 순간은 인간의 힘으로 그리스도인이 되려는 자세를 멈추고 자신의 능력을 더 이상 의지하지 않을 때이다. 그래서 심령이 가난한 자가 되어 성령을 받을 때이다. 겸손이란 다른 사람들이 성령의 필요성을 부정할 때 나는 성령의 필요를 철저하게 느끼는 것이다. 낙엽이 다 떨어지듯 모든 것을 다 내려놓고 오직 성령의 인격적인 통치 가운데 나아가는 것은 특별한 사건이다.

우리는 끊임없이 성령의 신비하고 위대한 능력을 얻기 위해 하나님과 거래하려고 한다.

"바람이 임의로 불매 네가 그 소리는 들어도 어디서 와서 어디로 가는지 알지 못하나니 성령으로 난 사람도 다 그러하니라" 요 3:8.

중생에 의하여 우리는 하나님과 바른 관계에 놓인다. 거듭난 이후에도 우리는 과거와 똑같은 인간적 본성을 갖고 있지만, 다른 힘이 그 본성을 다스린다. 그래서 과거에 불의를 위하여 사용되던 "지

체들"이 이제는 의를 위해 사용된다롬 6:16-21. 성도는 외양의 거룩함이 아니라 성령에 의하여 부여된 예수 그리스도의 성향을 삶에서 드러내기 위해 끈질기게 노력해야 한다.

예수 그리스도와의 온전한 관계를 맺는 것에는 관심이 없고 능력만을 구하려는 자세를 주의하라. 주님과의 관계가 온전하면 성령께서 우리를 통하여 능력 가운데 역사하신다.

> "오직 성령이 너희에게 임하시면 너희가 권능을 받고 예루살렘과 온 유대와 사마리아와 땅끝까지 이르러 내 증인이 되리라 하시니라"행 1:8.

오순절의 메시지는 성령을 강조하는 것이 아니라 부활하셔서 승천하신 그리스도를 강조하고 있다요 16:13-15.

성령은 우리의 관심이 예수 그리스도께 고정되도록 하신다. 성령은 우리를 통해 주님이 제시될 수 있도록 주관하신다. 예수님을 향한 헌신은 내 안에 계시는 성령의 역사가 나타나는 것이다. 성령은 인간이 아닌 오직 예수님을 영화롭게 하는 데에 관심이 있으시다. 그리스도의 이름을 지니고 사는 자들에게 가장 필요하고 또 그들이 집중해야 하는 것은 성령을 의지하는 삶이다.

예수 그리스도는 우리가 죄로 인하여 잃었던 자리에 우리를 다시 세우신다롬 5:12. 구원을 얻은 이후 우리는 체험적으로 이러한 지식을 얻게 되지만, 이 지식이 우리를 구원으로 인도하는 것은 아니다. 실제로 구원 받는 것이 먼저요, 그 후에야 자신이 구원 받은 것은 성령의 역사였다는 사실을 이해하게 된다. 성령의 역사는 언제나 느닷없이 발생하기에 아무도 예측할 수 없다. 우리는 우리 마음에 하나님의 사랑을 부으시는 성령을 받음으로롬 5:5 신성the divine nature에 동참하게 된다. 하나님과의 하나됨은 우리가 모든 것을 주께 내려놓고 순종할 때 나타난다. 이 모든 사건은 우리가 의식하지 못하는 가운데 진행된다.

스스로 옳지 않은 것을 허용하려 할 때 성령께서 가책하시는 경험을 한 적이 있는가? 그럴 때 아무런 제재 없이 그 일을 자유롭게 행하는 이들을 보지 않도록 주의하라. 우리에게 들려주시는 하나님의 작은 음성을 무시할 때 우리는 하나님으로부터 점차 멀어지게 된다. 아무리 작은 소리라도 성령의 조용하고 부드러운 음성에 순종하라. 그러면 참된 자유가 임할 것이다. 그러나 성령의 가책을 우습게 여기면 하나님을 떠나 강퍅한 삶을 살게 될 것이다. 성령을 소멸하지 말라.

하나님의 자녀들은 다른 사람들을 향해 가혹한 판단을 할 만한 여유가 없다. 가혹한 판단을 하게 되는 이유는 성령의 의로우심으로 인한 것이 아니라 다른 사람의 짐을 지기 부담스러워 하는 이기적인 마음 때문이다. 모든 일에 자신을 정당화하려는 자세를 주의하라. 이는 성령을 전적으로 의지하지 않고 자신의 욕구를 만족시키려고 할 때 나타난다.

성령의 감화는 어떤 행동을 하도록 충동하기보다 하나님의 뜻을 깨닫도록 한다. 충동에 따라 행동하는 것은 단지 신체적 반응에 따라 행동하는 것일 뿐이다. 충동은 하나님을 우리 내면에 모시기 위해 마음 문을 열 때 필요한 것이지, 마음 문을 열고 뛰쳐나가기 위한 것이 아니다.

예수 그리스도의 구원은 사람의 인격적 본성을 강화한다. 그러나 성령에 붙들리기까지는 인격적 본성의 실제가 나타날 수 없다. 성령은 인간의 인격적 본성을 말살하지 않고 오히려 최고의 수준으로 높이시기 때문이다. 즉, 하나님의 마음을 드러내는 수준까지 승화시키시는 것이다.

'쇼 비즈니스'show business를 주의하라. '성령 세례를 받아 놀라운 일들을 하고 싶다'는 마음이 '쇼 비즈니스'를 하려는 마음이다. 하나님은 사람이 놀라운 일들을 하도록 허락하지 않으신다. 하나님이 친히 하신다. 한편 성령님은 사람들이 놀라운 일들을 보지 못하게 하신다. 그 이유는 놀라운 일을 보고 그 일을 행하신 하나님이 아닌 일 자체를 영화롭게 여기는 성향이 사람들에게 있기 때문이다.

"그러므로 이르기를 그가 위로 올라가실 때에 … 사람들에게 선물을 주셨다 하였도다"엡 4:8.

어떤 특별한 은사가 승천하신 그리스도로부터 온 것인지를 알 수 있는 유일한 근거는 그것이 교회의 덕을 세우는가 하는 것이다. 오늘날 많은 기독교 사역들이 사도들의 경고를 무시하고 인간의 뛰어난 자연적 덕목 위에 세워지고 있다.

하나님의 진리에 어긋난 음성을 들을 때 우리 안에 계신 성령님에 의해 직관적인 압박감이 발생한다. 이러한 압박감을 당신의 편견으로 인한 불쾌함과 혼동하지 않도록 그 차이를 구별하라. 또한 죄책감 때문에 생기는 당황스러움과 단순히 생각의 혼동으로 인한 당황스러움을 구별할 수 있어야 한다. 전통적인 기독교 분위기에서 성장했다면 처음으로 성령을 받을 때 생각의 혼동을 불가피하게 경험할 수 있다. 그 이유는 성령의 임재하심으로 인해 진정으로 거듭남에 이르지 못한 과거의 기독교에 대한 종교적 관념들을 제거해야 하기 때문이다. 그러나 이방인이 성령을 받을 때는 신기하게도 이러한 당황스러움을 겪지 않는다.

성령께 순종하는 마음은 결코 하나님을 미워하지 않는다. 인간의 타락 이후에 남아 있는 자연적 미덕을 의지하고, 그 위에 인생을 세우려고 할 때 성령은 빛을 비추어 우리 안에 있는 치를 떨 만한 끔찍한 위험 요소들을 보여 주실 것이다. 즉, 전에 알지 못했던 우리 속의 미움과 악함을 드러내시는 것이다. 하나님께서 성령을 통해 과거에 자신이 얼마나 종교적인 위선자였는지를 기억나게 하시면 이를 겸손하게 받아들이라. 반면 사탄은 우리에게 이 사실을 잊으라고 속삭일 것이다. 하나님 앞에서 굴욕을 느낄지라도 잠잠히 거하라. 이러한 경험은 하나님의 계획하신 길을 걷는 자들의 길목에 언제나 있는 것이다.

성령 세례는 하나님께 속하지 않은 것들을 불로 태워 없애는 것을 의미한다. 그 후 우리 안에 있는 모든 것이 하나님의 생명과 조화를 이룬다. 성령은 우리를 예수님의 가족으로 다시 태어나게 하신다. 십자가의 영원한 효력에 의해 우리가 신성에 참여하게 되는 것이다.

성령은 예수님을 대신하시는 분이 아니다. 성령은 예수님의 모든 것을 지금 우리의 인격적인 체험 속에서 실제가 되게 하신다. 우리가 흉내낼 수 없는 한 가지가 있다. 바로 성령 충만한 상태이다. 어떤 사람의 생명 안에 성령이 임재하신다면 그는 자신의 인간적 본성을 장사 지내고 더 이상 자신을 생각하지 않는다. 성령께 이끌릴 때는 정욕의 지배를 받지 않는다.

"그리스도 예수의 사람들은 육체와 함께 그 정욕과 탐심을 십자가에 못 박았느니라" 갈 5:24.

정욕은 탐욕적일 뿐만 아니라 자신을 매우 화려하게 치장할 수 있다.

> "너희 몸은 너희가 하나님께로부터 받은 바 너희 가운데 계신 성령의 전인 줄을 알지 못하느냐" 고전 6:19.

성령의 내재하심은 구속의 최고봉climax이다. 성령의 강권하심은 의지의 문제에서 가장 강력하게 역사한다. 시적인 설교를 듣는 것은 즐겁고, 내 취향에 맞는 설교를 듣는 것은 기쁘지만, 그것으로 충분하지 않다. 그 이유는 설교를 듣기 전과 여전히 똑같은 삶을 살고 있기 때문이다. 그러나 복음은 언제나 우리의 마음을 찔러 의지적 결단을 요구한다. "그렇게 하겠습니다", "그렇게 하지 않겠습니다", "지금 받아들입니다", "다음에 하겠습니다" 등 어떠한 결정을 내리든지 이러한 반응들은 다 의지적 결단으로부터 나옴을 기억하라.

우리는 얻는 것acquiring과 받는 것receiving의 차이를 구별할 수 있어야 한다. 기도 습관과 성경을 읽는 습관은 얻는 것이다. 그러나 구원, 말씀, 은혜는 받는 것이다. 우리는 얻어야 하는 것들에 더 큰 신경을 써야 한다. 우리가 받아야 하는 것들은 하나님께서 신경을 쓰신다. 우리가 받은 것들은 아무도 빼앗아 갈 수 없다. 그 이유는 선물을 주신 하나님께서 그분의 선물을 받은 우리를 붙들고 계시기 때문이다.

가짜 복음의 열매는 성령의 열매와 다르다갈 5:22-23. 성령의 기름 부으심을 가장 위대한 선물로 간직하라. 이것 없이는 하나님께 나아갈 자격이 없다.

"너희는 주께 받은 바 기름 부음이 너희 안에 거하나니" 요일 2:27.

성령의 가장 멋진 역사는 하나님과 단둘이 친밀하게 지내는 것이다.

07
도덕률

　선이 무엇인지 제대로 배우기만 한다면 모든 사람이 선을 선택할 것이라는 믿음이 모든 세대 가운데 받아들여져 왔다. 그러나 인간의 역사는 이 믿음이 틀렸음을 증명한다. 선을 아는 것과 선한 존재가 되는 것은 다른 문제다.
　양심은 무엇을 해야 하는지 알려 주지만, 그렇게 행할 능력까지 주진 않는다.

　"내가 행하는 것을 내가 알지 못하노니 곧 내가 원하는 것은 행하지 아니하고 도리어 미워하는 것을 행함이라" 롬 7:15.

잘못을 용납하지 않는다고 해서 다시는 그 일을 하지 않을 것이라고 생각하는 것은 틀리다. 반역한 인간의 속성은 그것이 옳든 옳지 않든 상관없이 그 일을 저지를 것이기 때문이다.

옳은 것을 모르는 것이 문제가 아니라 옳은 것을 행하지 않는 것이 문제다. 본능적으로 스스로 어떤 삶을 살아야 한다는 것은 인지할 수 있다. 그러나 행동하지 않고서는 결코 그런 삶을 살 수는 없다. 오직 생명을 붙드시는 생명 그 자체, 즉 성령을 받을 때만이 그렇게 될 수 있다. 이것이 구속의 실제적인 역사다.

"도덕이란 모든 사람의 공리公利에 기초한다"라는 격언이 있다. 그러나 이 격언은 맞지 않다. 양심은 도덕의 원천으로서 사람이 해서는 안될 일을 자연스럽게 알려 준다. 양심은 사람의 이성이 아닌 영에 위치하며 거듭나지 않은 사람들이 도덕적으로 살아갈 수 있도록 돕는 기능을 한다.

왜 사람은 자신의 악함을 다 드러내지 못할까? 그 이유는 사람 안에 양심이 존재하기 때문이다. 양심은 악을 향한 충동을 제어하기 위해 하나님이 만드신 도덕률의 잔재이다. 우리는 전혀 예상하지 않은 곳에서 양심이 발버둥을 치는 것을 발견하게 될지도 모른다. 도덕률은 사람에게 내재된 본성이면서 동시에 사람으로 하여금 도덕적으로 살아가도록 강요하는 요소이기도 하다.

하나님의 법이 제시될 때, "이 정도면 충분해. 더 이상 완벽하게 지킬 필요가 없어"라고 말하는 교만한 자아 확신을 주의하라. 영적이든 육체적이든 질병의 문제는 반드시 구속의 빛 가운데서 다루어야 한다. 만일 우리가 이 세상이 얼마나 잘못되었는지 알고 싶다면 병원이 아니라 십자가 앞으로 나아가야 한다. 도덕적 질서에서 벗어난 이 세상이 얼마나 무서운 죄를 범하고 있는지 알려면 하나님께서 이 세상을 구속하시기 위해 어떤 대가를 치루셨는지를 우리는 분명히 알아야 하는 것이다. 오늘날 사회에 만연된 죄악들은 사회 윤리와 도덕 질서를 강조한다고 해결할 수 있는 것이 아니다. 동정심을 펼친다고 되는 것도 아니다. 오직 거룩하신 하나님의 계명을 기억할 때 가능하다.

하나님의 진정한 사랑의 의미를 아는 자가 얼마나 되는가. 우리는 도덕적으로 선한 것을 사랑한다. 그러나 이상한 것은 사람이 하나님을 멀리 떠나는 이유가 자신의 흉악한 죄 때문이 아니라 도덕적인 선함 때문이라는 사실이다. 엄청난 죄가 아니라 "내게로 오라"는 주의 말씀에 반항함으로 우리는 많은 죄를 범하게 되는 것이다. 방종은 내 마음대로 하겠다는 완고함에서 비롯된다. 자유는 법을 어길 수 있는 능력이 아님을 기억하라.

사람은 거룩하지 않으며 부도덕하다. 부도덕이 인간의 바탕에 전반적으로 깔려 있기 때문에 사람이 얼마나 선한가는 중요하지 않다. 물론 사람이 사람 앞에서는 부도덕하게 보이지 않을 수 있다. 그러나 하나님이 보시기에는 언제나 부도덕하다.

> "예수께서 이르시되 너희는 사람 앞에서 스스로 옳다 하는 자들이나 너희 마음을 하나님께서 아시나니 사람 중에 높임을 받는 그것은 하나님 앞에 미움을 받는 것이니라" 눅 16:15.

지적 회의론은 좋은 것이다. 그러나 도덕적 회의론은 비난 받아 마땅하다. 사람이 스스로 오류에 빠져 분별력을 상실하기 전에는 모든 사람에게 선과 의와 진실을 믿는 마음이 있다.

영적인 황홀경에 사로 잡히지 않도록 주의하라. 종종 영적 황홀경은 하나님의 위대한 규례들을 망각하게 하고, 나아가 하나님께서 제정하신 건전한 도덕의 기초마저 흔들어 놓을 정도로 분별력을 잃게 만든다.

도덕적인 영역에서 결단해야 할 것이 있다면 다음으로 미루지 말고 신속하게 결정해야 한다. 그렇지 않으면 결국 아무것도 못하게 된다. 절대로 도덕적 결정을 미루지 말라.

영적인 문제 또한 재고할 때마다 항상 빗나가게 된다. 신속하게 결단을 내려야만 그 실체를 볼 수 있는 빛이 비친다. 결단을 내리고 믿음으로 행할 때, 비로소 그리스도의 십자가와 인간의 생명 간의 관계를 이해할 수 있게 된다.

08
인격성

　　인격성과 관련해서 가장 힘들고 비참한 일은 자신에 대한 착각에서 벗어나는 일이다. 우리는 자신이 정말로 누구인지 깊이 깨달으려고 하기보다 자신에 대해 제 나름대로 생각하기를 더 좋아한다. 바울은 각 사람은 자신에 대해 "마땅히 생각할 그 이상의 생각을 품지 말라"고 경고한다롬 12:3. 하나님께서 당신을 어떻게 착각에서 벗어나게 하시는지 지켜보라. 착각에서 벗어나는 일은 장래를 위해 중요한 일이다.

　　실제 인격과 그 인격이 표현되는 방법은 다르다. 인격이 표현되는 방식은 계속 변한다. 과거에 무관심했던 것에 예민할 수도 있으며, 예민했던 것에 지금은 무관심할 수도 있다.

자신의 개별성을 주장한다면 절대로 다른 사람들을 위한 '성찬'이 될 수 없다. 오직 인격성을 지니고 예수 그리스도와 하나가 될 때 다른 사람들을 위한 성찬이 될 수 있다.

우리는 이 세상에서 하나님 나라의 백성보다 더 친근하게 느껴지고 호감이 가는 사람들을 종종 발견할 수 있다. 세상 사람들에게서 볼 수 없는 완고함과 독선을 하나님 나라의 백성들에게 발견할 때도 있다. 참된 부흥은 자신을 그리스도인이라고 부르는 자들의 내면이 변화할 때 발생한다.

사람은 신체적으로 성장하면서 사회적으로 더욱 유익한 사람이 된다. 그러나 도덕적으로, 그리고 영적으로도 멋지게 성장하고 있는가? 더욱 순결하고 거룩하게 성장하고 있는가? 세월이 지나면서 마음이 넓어지는 경우도 있지만 오히려 지각이 둔해지는 경우도 있다. 자신의 존재가 모든 영역에서 성장하고 있는지 알기 위해서는 스스로 많은 성찰의 시간을 가져야 한다.

"이러므로 그들의 열매로 그들을 알리라" 마 7:20.

신앙의 가장 큰 시험은 일상 속에서 마주하는 수고와 고생 가운데 있다. 그러나 더 문지를수록 반짝이는 은 같이 신앙도 날마다 가꾸는 가운데 더 광택이 난다. 스스로를 평가할 때는 항상 한쪽으로 치우치거나 편파적이기 쉽다. 교만한 상태이든 기가 죽은 상태이든 스스로를 평가하는 대신 창조주의 입장에서 자신을 평가하는 것이 가장 안전하다. 현대의 바리새인은 세리를 흉내내는 자들이다. "오, 나는 성도라고 할 수 없어요!" 지나친 자기 비하나 자긍심은 모두 영적으로 병든 상태임을 보여 준다.

하나님의 섭리 가운데 인간의 내면 속에 깃든 영의 정체는 신속하게 드러난다. 거룩한 영이면 거룩함이 드러나고 더러운 영이면 더러움이 드러난다. 성령의 임재하심 가운데 있지 않으면 스스로 자신의 영을 억제하는 것은 불가능하다. 위기는 성품을 드러낸다. 사람이 시험대에 놓이면 성품 속에 숨겨진 모습이 그대로 드러난다.

우리는 그 누구보다 의미 있는 인생을 살아야 한다. 전능자께서 우리를 지으신 목적대로 모든 것을 행해야 하는 것이다. '극기'는 실제로 가능해 보여도 심오한 차원에서 볼 때 불가능하다. 사람은 자신이 이해할 수 없는 것의 주인이 될 수 없기 때문이다. 우리의 온전한 주인은 오직 하나님이시다. 만일 우리 안에서 하나님의 명령을 준행하는 것을 '극기'라고 한다면 그 표현은 옳다.

초자연적인 영역이 아니라면 영혼과 관련된 주제들을 다루지 말라. 자연적인 자원들은 위기를 당할 때 부서질 가능성이 많다. 그러나 우리의 삶이 초자연적인 하나님께 뿌리내리게 되면 비극의 순간에도 하나님은 능력 가운데 우리를 승리로 이끄실 것이다.

그리스도와의 연합은 설명하기 어렵지만, 자신이 아닌 자신 안의 그리스도의 임재하심만을 의식하는 상태다. 그러나 거짓된 연합은

견디기 힘든 고통이 임할 때 산산조각이 나며 그것이 허구임을 드러낸다.

그리스도인이 온 힘을 다해 오직 한 가지 '순종'에 집중하는 데 얼마나 오래 걸리는지 우리는 되짚어봐야 한다. 우리 안에서 이기심이 발견되는 이유는 우리의 속성이 오직 한 가지 목표를 좇을 수 있도록 성령과 전혀 융합하지 못했기 때문이다. 예수 그리스도께서 우리 안에 불일치만을 만들기 위해 오셔야 했다면 그분은 절대로 오지 않으셨을 것이다. 주님은 우리가 의식할 수 없을 정도의 완전한 조화를 창조하기 위해 오셨다.

자만과 영적 교만은 타락의 시작이다. 현재의 영적 상태에 만족하기 시작할 때 그 순간부터 타락하기 시작한다. 영적 교만처럼 무서운 교만이 없으며 영적 완고함보다 더 강한 완고함은 없다. 마치 사탄이 하나님의 보좌에 도전하는 것처럼 완악한 죄인 것이다.

진짜 문제는 악한 마음이 아니라 우리 안의 완고함이다. "내가 무엇을 할지 보여 달라. 그러면 하겠다." 그러나 당신은 하지 않을 것이다. 교만 하나를 무너뜨리고 다른 교만을 세우는 것은 아주 쉽다. 아무리 겸손하게 보일지라도 하나님께 나아가지 못하는 유일한 걸림돌은 교만이다. 하나님은 사람이 어떤 인격적인 위치에 이른 후 스스로를 칭찬할 때 그 마음이 교만 가운데 강퍅해지도록 정하셨다. 하나님이 받으시는 유일한 제사는 교만 위에 세워진 의로움이 아니라 "상하고 통회하는 심령"이다. 회개하는 심령을 가질 때 하나님의 구원은 당장 나타난다.

"나는 믿을 수 없어"라고 말할 때 그것이 무엇인지 주목하라. 믿음의 상태는 곧 우리의 영적 위치를 증명할 것이다. 또한 우리를 분노케 하는 것은 곧 우리를 지배하고 있는 것이 무엇인지를 말해 준다.

인간의 뛰어난 성품이 기준이 될 때 하나님의 은혜는 소용없게 된다. 그 이유는 인간은 하나님의 은혜 없이도 놀랄 정도의 완전한 성품으로 스스로를 계발시킬 수 있기 때문이다. 만일 성자나 선한 사람을 표준으로 삼는다면 우리는 헛된 허영심에 속아 그들처럼 되고자 할 것이다. 그러나 하나님이 우리의 온전한 기준이 되실 때 헛된 허영심은 설 자리가 없게 된다. 자연적인 덕에 집중하며 매달리는 것은 내 안의 하나님의 역사를 불투명하게 만든다.

인간의 속성 중에 그리스도인들이 잘 가꾸지 않는 영역이 있다. 바로 생각의 영역이다. 우리가 생각을 사용하는 때는 다리를 건너기 전, 다리를 건너는 것에 대해 '염려'할 때이다. 복음의 삶은 우리를 구성하는 모든 부분을 포함한다. 즉, 지적인 부분, 감정적인 부분 등 어떠한 부분도 퇴화되어서는 안된다. 모든 부분이 성령에 의해 하나로 결합되어야 한다. 또한 고립과 격리를 구별해야 한다. 죄는 사람을 고립시키지만, 하나님은 우리를 죄로부터 격리시키신다. 죄는 사람을 어둡고 냉소적으로 만들거나, 자신보다 나은 것을 멸시하게 만들어 모든 것으로부터 고립시킨다. 우리가 하나님께 가까이 있을 때에 이러한 죄의 속성이 이해된다.

겉모습을 통해 개인의 도덕적 성품이 드러날 때가 있다. 그래서 사람들 중에는 상대의 겉모습을 지켜보며 그의 도덕적 성품을 잘 읽어내는 사람들이 있다. 그러한 능력을 가진 사람들이 극소수인 것이 참 다행이다. 우리가 안전한 것은 다른 사람들이 우리를 다 알지 못하기 때문이다. 그러나 아무리 외부적으로 멋지게 가장하더라도 내면에 자리한 음란과 이기심, 자기도취는 자신도 모르는 사이에 분명히 드러나게 마련이다. 겉모습이 멋지든 흉측하든 영혼의 상태는 우리의 외적인 모습을 통해 숨길 수 없는 흔적을 남긴다. 하나님께서는 우리의 내면을 보신다는 사실을 잊지 말자.

우리의 삶을 향한 하나님의 목적을 막을 수 있는 존재는 우리 자신밖에 없다. 이 세상에서, 그리고 영원토록 하나님을 영화롭게 할 수 있는 영적 성품을 계발하려면 이 땅에서 우리가 누리고자 하는 많은 것을 버려야 한다.

제자도에 대한 예수 그리스도의 모든 가르침의 핵심은 개별성을 완전히 제거하고 그리스도의 인격을 좇아 심령의 자유함을 얻는 것이다. 이 점을 이해하지 못한다면 제자도에 대해 아무리 많은 대화를 나누어도 허공에 외치는 소리가 될 뿐이다.

성령 세례를 받게 되면 우리의 인격성은 하나님과 완벽하게 연합하는 올바른 자리로 올라간다. 그곳에서는 아무런 방해 없이 하나님을 사랑할 수 있다. 인격성을 밀어 제치고 자제를 잃도록 만드는 그 어떤 속성도 결코 하나님께로부터 온 것이 아니다.

09 인격적 관계

　기독교의 본질은 예수 그리스도와의 인격적 관계를 맺고 그분의 형상이 우리 삶에 나타나도록 마음을 비우는 것이다. 복음이 호소하는 것은 구원 받아야 천국에 들어간다는 사실이 아니라 지금 이곳에서 예수 그리스도와의 인격적 관계에 들어가라는 것이다.

　제자도와 구원은 서로 다른 것이다. 제자는 구속의 의미를 깨닫고, 말로 다 표현할 수 없는 은혜에 감사하며 온 맘을 다해 예수 그리스도께 자신을 드리는 자이다. 제자도의 주된 특징은 예수 그리스도의 주인됨이다. 머리부터 발끝까지 주님이 우리에 대한 권리를 가지신다.

"아무든지 나를 따라오려거든 자기를 부인하고 날마다 제 십자가를 지고 나를 따를 것이니라"눅 9:23.

즉, "스스로에 대한 권리를 부인하라"는 뜻이다. 예수님은 결코 사람을 황홀경에 빠뜨려서 현실에서 벗어나게 하는 일이 없으시다. 주님은 언제나 사람이 스스로의 의지로 결정하도록 하셨으며, 그 결정에 따라 자기가 어디로 향해 가는지 알게 하셨다.

인간은 본능적으로 스스로에 대한 권리를 자신이 가지고 있을 때 가장 멋지다고 착각한다. 그러나 바로 그 권리가 예수 그리스도께서 우리의 삶에 들어오시지 못하도록 막는 장애물임을 기억하라. 예수님께 나아가는 길은 수없이 많다. 그러나 그 길들은 반드시 한 목적지에 도착하게 되는데, 바로 자신에 대한 권리를 내려놓는 곳이다. 그렇지 않으면 길을 가다가도 중간 어딘가에서 멈추고 말 것이다. 예수 그리스도는 인간의 권리 주장을 절대 허락하지 않으신다. 제자도에 대한 주님의 모든 가르침에서 가장 본질적인 요소는 자신의 유익이 무엇인지 계산하지 않고, 주님께 무조건 맡기는 것이다.

예수 그리스도를 절대적으로 필요로 하는가? 모든 사고의 기초에 성육신하신 주님이 계신가? 주님의 뜻 가운데 서 있는가? 모든 권리를 주님께 양도했는가? 예수 그리스도와 인격적 관계를 맺고 있는가? 자신 안에 '새로운 피조물'로서의 속성이 있는가? 가장 소중히 여기는 것이 '종교적 체험'이라는 감상적 쓰레기는 아닌가? 각자 점검해 보라.

제자는 하나님의 진리를 선포할 뿐만 아니라 더 이상 자신은 자기의 것이 아니라 "값으로 산 것이 되었음"을 드러내는 자들이다고전 6:20. 우리의 섬김은 예수 그리스도께 산 제사가 되는 것이다. 산 제사가 되는 비결은 그리스도와 함께 고난과 죽음과 부활의 권능에 참여하는 것이다빌 3:10.

진리를 위해 가장 큰 고난을 받고, 사람들에게 가장 거룩하게 보일지라도 마음을 아시는 위대한 감찰자의 심판대 앞에서 맨 꼴찌가 될 수 있다. 가장 중요한 문제는 예수님과의 관계에서 우리의 중심이 어디에 있는가 하는 것이다. 우리가 예수 그리스도와의 관계에 진실하면 그 외의 것은 더 이상 문제가 되지 않는다. 옳은 것이라도 주님이 원하시는 사람이 되는 것을 막는 것이라면 그것은 문제가 된다.

성도는 좋은 것들을 멀리할 수 있는 특권이 있다. 악과는 전혀 상관없는 좋은 것들이라도 예수님의 제자이기 때문에 마귀를 피하듯이 피해야만 하는 것들이 이 세상에는 수백 수천 가지가 있다.

"만일 네 오른 눈이 너로 실족하게 하거든 빼어 내버리라 네 백체 중 하나가 없어지고 온몸이 지옥에 던져지지 않는 것이 유익하며 또한 만일 네 오른손이 너로 실족하게 하거든 찍어 내버리라 네 백체 중 하나가 없어지고 온몸이 지옥에 던져지지 않는 것이 유익하니라"마 5:29-30.

이 성경 말씀을 자주 읽으라. 영적으로 더욱 강건하게 될 것이다.

"삶은 쉽다"라고 말하는 사람들을 주의하라. 삶은 너무나 복잡하기 때문에 하나님 없이는 그 누구도 안전할 수 없다. 예수님께 나아온다고 쉽게 삶을 살 수 있는 것은 아니다. 하지만 주님께 나아오면 하나님과의 관계는 쉬워진다. 이때, 내면의 관계가 외면의 관계보다 더 중요하다. 만일 외적인 것을 우선시한다면 의심 많은 사람이 될 것이다.

예수 그리스도가 주의 자녀들을 영광 가운데로 인도하실 때 주님은 그들이 한 일을 무시하신다. 그들에게 주어진 모든 상황은 하늘 아버지와의 관계를 완전하게 하기 위한 훈련 도구일 뿐이다. 우리의 사역은 하나님께서 그 일을 통해 우리를 보다 정결하게 하고 또한 가치 있는 존재로 거듭나게 하려는 수단이었음을 기억하자.

기독교 사역에 있어서 지나친 조직력은 항상 하나님의 역사를 차단하는 위험에 빠뜨린다. 조직은 우리를 틀에 가두며 우리의 능력을 미약하게 만든다. 진행 상황을 알리는 인위적인 도표들은 예수님께 드리는 참된 헌신을 어느새 가로막는다. 어느 사역이든 예수 그리스도께 진실하면 시작할 때는 전혀 꿈꾸지 못했던 수백 수천 가지의 열매를 맺게 된다.

유용성이나 의무는 결코 하나님의 궁극적인 목적이 될 수 없다. 하나님의 목표는 우리로부터 세상을 향해 복음의 메시지를 흘러가게 하는 것이다. 따라서 우리를 멍들게 해서라도 우리의 삶이 세상을 향한 복음의 메시지가 된다면 주께서는 마다하지 않고 우리를 사용하신다. 그러나 우리는 하나님의 계획을 우리의 지식으로 가늠하려고 한다.

하나님의 목표는 각각의 그리스도인들이 이 세상을 향한 주님의 목적과 일치하도록 하는 것이다. 그러나 기독교가 지나치게 조직화되고 각 교파로 나뉠 때 주님의 명령을 수행하지 못하게 된다. 주님의 양을 먹이지도 않으며, 결국 먹일 수도 없게 된다요 21:15-17.

"나는 산 정상에서 비전을 보았습니다. 하나님과의 놀라운 교제의 시간이었지요." 그러나 이 체험 이후 당신은 어디에 서 있는가? 주님보다 훨씬 높은 자리에 있지는 않은가? 다른 사람을 섬기는 일은 전혀 하지 않고 오직 중요한 모임에만 나타나지는 않는가? "내가 주와 또는 선생이 되어 너희 발을 씻었으니 너희도 서로 발을 씻어 주는 것이 옳으니라"요 13:14. 가장 고상한 동기는 가장 낮은 곳을 섬기려는 마음에서 시작된다. 이러한 하나님의 관점에서 당신을 점검한다면 당신은 지금 어디에 서 있는가?

거짓 종교는 과민하게 반응하게 만든다. "이것을 해서는 안 돼. 저것을 해서도 안 돼." 예수님은 당신께 드려지는 열정적이고 인격적인 헌신과 함께 우리가 모든 사람을 향하신 주님의 관심에 주목하길 원하신다. 열방을 향한 예수 그리스도의 마음과 동일한 마음을 품을 때 우리는 주님과의 사랑 속에서 모험을 시작하게 된다.

참된 신앙은 예수 그리스도를 위해 봉사하는 것도 아니며 영혼을 얻는 것도 아니다. 오직 우리의 유한한 육체에서 예수님의 생명이 더욱 더 증거되는 것이다. 우리 마음속에서 어떤 형태이든지 예수 그리스도의 형상이 희미해지지 않도록 주의하라. 영적인 삶에서 우리가 가장 주목해야 할 것은 예수님께서 이 땅에서 육체로 계실 때 제자들과 동행하셨다는 사실이다.

"내가 할 수 없는 것 중에 종교가 해 줄 수 있는 것이 무엇인가?" 이 질문은 모든 사람이 반드시 되짚어보아야 하는 질문이다. 종교는 표면적으로 누군가에 대한 믿음을 드러낸다. 또 어떤 이들은 종교의 능력을 맹신하며 만일 그 종교를 갖지 않는다면 가난해질 것이라고 생각하기도 한다. 중요한 점은 어떤 면에서 가난해지는지 정확히 알아야 한다는 것이다.

예수님과의 인격적인 관계에 기초하지 않은 신앙은 즐거움을 주기보다 내가 원하는 것이 가로막히는 고통만 준다. 하나님의 섭리에 대한 우리의 태도를 자주 점검하라. 일반적으로 주의 섭리를 대할 때 우리는 하나님께서 변덕스러운 분이라고 생각할 때가 많다. 그러나 실제로는 우리가 매우 변덕스러운 존재이다. 하나님은 잔을 바꾸시는 일이 없다. 주님은 언제나 계획하신 잔을 드신다.

또한 완고한 마음을 주의하라. 사람의 완고함은 오직 예수님의 죽음과 하나가 될 때 무너진다. 그리고 오직 그때에 하나님께 우리의 생명의 잔을 건네게 될 것이다.

10
기도

하나님은 절대로 우리의 기도의 열심에 감동 받지 않으신다. 그러나 하나님은 구속의 바탕 위에서 드리는 기도에 반드시 응답해 주시겠다고 약속하셨다. 예수 그리스도의 구속하심으로 인해 우리는 기도의 자리로 나아갈 수 있는 자격을 얻었다.

'구할 수' 있는 관계를 맺을 수 있는 유일한 길은 주 예수 그리스도를 완벽하게 의지하는 관계에 들어가는 것이다.

"그를 향하여 우리가 가진 바 담대함이 이것이니 그의 뜻대로 무엇을 구하면 들으심이라"요일 5:14.

기도할 때 예수 그리스도께서 계시하신 하나님의 뜻대로 구해야 한다는 사실을 기억하라. 기도할 때 우리의 마음속은 무엇으로 채워져 있는가? 우리의 필요인가, 아니면 예수 그리스도의 전능하심인가 요 15:12-13? 기도할 때 다음 세 가지를 점검하라. 진실한가? 하나님을 확신하는가? 그리고 우둔할 정도로 그리스도의 능력을 믿는가? 기도는 전능하신 그리스도와 소통함을 의미하며 주님께서 허락하시는 범주 내에서 전능한 결과들이 발생함을 뜻한다. 기도 자체가 기도의 초점이 아니듯 기도 그 자체가 중요한 것이 아니다.

하나님께서는 중보기도를 통해 예비하신 축복을 사람들에게 베푸신다. 그리스도인의 사역에 있어서 우리가 기억해야 할 부분이 바로 이 부분이다. 그러나 우리는 하나님께 말씀 드리기보다 사람들에게 말하기를 훨씬 좋아한다. 만일 우리가 그리스도인이라면 우리만 간신히 구원 받고 끝나는 것이 아니다. 하나님의 구원이 우리를 통해 다른 사람에게 흐르는 것을 볼 수 있어야 한다. 이를 위한 가장 위대한 방법이 바로 중보기도이다.

성경은 기도의 은사에 대하여 말하지 않는다. 성경은 기도를 사람이 하나님께로부터 뭔가를 받는 비결로 이야기한다. 다른 사람들을 대할 때 우리에겐 얼마나 인내가 부족한지 모른다. 게다가 우리는 마치 하나님께서 잠드신 것처럼 생각하고 행동한다. 그러나 하나님께서는 우리가 그들을 위해 기도하는 자리까지 인도하신다. 주께서는 간청의 기도를 설명하기 위해 여러 가지 예를 드셨다. 하나님은 우리에게 꾸준히, 끈질기게, 그리고 포기하지 않는 기도의 습관을 요청하신다. 하나님은 그의 아들 예수 그리스도의 기도요 17장와 성령의 기도롬 8:26를 응답하실 수 있는 상황으로 우리를 이끄신다.

중보기도를 해야 하는 이유는 하나님께서 그 기도에 응답하시기 때문이 아니라, 하나님께서 우리에게 기도하라고 명령하셨기 때문이다. 하나님은 자신의 힘을 증명하시기 위해 기도에 응답하시지 않는다. 기도 응답은 절대로 내면을 성찰함으로 오는 것이 아니라, 어느 날 갑자기 은혜로 주어지는 것이다. 복잡한 내면의 요구에 마음이 가 있을 때 우리는 하나님의 음성을 듣지 못한다.

기도에 대한 영적 확신은 곧 하나님께 대한 확신을 의미한다. 거룩한 척 보이려는 기도에 빠져서는 안 된다. 기도는 그리스도인에게 있어서 호흡이다. 기도가 우리를 살게 하는 것이 아니라 우리가 살아 있다는 증거가 바로 기도이다. 어두움의 세력은 기도에 의하여 마비된다. 따라서 사탄이 기도를 막기 위해 여러 가지 복잡한 일들로 우리 마음을 빼앗으려 하는 것은 당연하다.

하나님은 우리의 기도에 꼭 응답하셔야 할 의무가 있는 분이 아니다. 우리 생명 속에 있는 예수 그리스도의 기도를 응답하실 뿐이다. 우리는 기도를 통해 하나님의 마음을 분별한다요 17장.

성경에 의하면, 기도는 우리의 궁핍에 대한 하나님의 응답이다. 하나님의 응답을 얻기 위해 우리가 휘두를 수 있는 무기가 아닌 것이다. 중보기도는 기도를 하는 사람의 영적 진보를 위한 것이 아니라 기도 대상의 삶을 축복하기 위한 것이다. 중보기도를 하는 사람이 그토록 적은 이유는 중보기도의 진정한 의미를 이해하지 못하기 때문이다. 중보기도를 통해 우리는 한 영혼에게 향하는 사탄의 역사를 막는 동시에 성령께서 그를 위해 일하실 기회를 마련한다. 그러므로 예수님께서 그토록 중보기도를 강조하신 것은 당연하다!

만일 주변의 사람들이 당신을 기도의 사람으로 알고 있다면, 그들은 당신에게 다른 사람과는 다른 고결한 삶을 기대할 권리가 있다. 만일 다른 사람들을 위해 그들이 이러저러한 사람이 되고 또한 이러저러한 일을 하게 해 달라고 기도하면서, 정작 당신은 그러한 사람이 될 의향도 없고 그러한 일을 행하고자 할 마음이 없다면 당신의 기도는 능력이 상실된 기도이다.

하나님을 우리의 최우선으로 삼는다면 기도할 시간을 갖는 것은 쉬운 일이다. 하나님은 시간을 지혜롭게 사용하지 않는 영혼들과 원수 마귀에게 틈 탈 시간을 허용하는 영혼들에게 기도의 시간을 허락하지 않으신다.

우리의 삶 가운데 하나님께서 어떻게 역사하시는지 주목하라. 창조의 하나님께서 조용히 나무와 꽃들을 자라나게 하시듯 우리를 영적으로 성장시키시는 것을 발견하게 될 것이다. 사탄은 우리가 하나님과 교제하는 것을 막기 위해 최선을 다한다. 특히 하나님과 단둘이 친밀한 시간을 갖는 것을 방해하기 위해 기도할 틈을 주지 않는다.

가장 위대한 기도 응답은 하나님을 온전히 이해하는 것이다. 그러면 현실의 상황에 대한 우리의 관점이 바뀌게 된다. 또한 우리는 중보기도를 통해 회개의 역사를 계속 불러일으켜야 한다. 복음을 선포하는 일에 바쁘다는 핑계로 중보기도를 게을리하지 않도록 주의하라. 골방 기도가 부족하면 우리는 영적 가르침을 통해 하나님을 보여 줄 수 없다. 무엇을 해야 하는지 알면서 그것을 피하려고 꾀부리는 기도를 하지 않도록 주의하라.

　기도는 다른 영혼들의 마음이 주께 순복할 수 있도록 부드러워지기를 구하는 것이다. 그렇게 그들에게 유혹을 대적할 수 있는 능력이 임하기를 간구하는 것이다. 이를 위해서 끈질긴 중보기도가 필요하다. 사람들로 하여금 당신의 관점에 동의하도록 만들려고 노력하지 말라. 대신 중보기도 사역을 통해 그들이 주 예수 그리스도께 순복하도록 만들라. 요한일서 5장 16절을 잊지 말라.

> "누구든지 형제가 사망에 이르지 아니하는 죄 범하는 것을 보거든 구하라 그리하면 사망에 이르지 아니하는 범죄자들을 위하여 그에게 생명을 주시리라 사망에 이르는 죄가 있으니 이에 관하여 나는 구하라 하지 않노라."

　성도의 기도는 결코 자신을 중요하게 여기지 않는다. 그 무엇보다 하나님을 중요하게 여긴다. 성도가 기도할 때 전능하신 성령의 능력이 기도의 대상에게 임하게 된다. 하나님은 기도의 응답으로써 믿음을 직접 주시기보다 자기 자신을 보여 주신다. 그럼으로써 믿음은 저절로 생긴다.

11
구속

    하나님은 우리에게 착한 사람이 되라고 부탁하지 않으신다. 오히려 우리가 선하지 않다는 사실을 이해하고 인정할 것을 부탁하신다. 즉, 하나님은 우리가 하나님 한 분 외에는 선한 것이 없음을 믿기를 원하신다. 그러나 구속 안에서 나타난 하나님의 은혜는 인간의 미완성을 덮으신다.

    사람이 구원을 체험할 때 그 사람을 구원하는 것은 그의 믿음이 아니다. 사람의 믿음을 구원의 바탕에 두는 가르침은 잘못된 것이다. 구원은 전적으로 하나님이 하시는 일이다. 마음속에 떠오르는 것을 선포하는 주관 신학a subjective theology은 위험하다. 복음은 구속의 절대성에 기초한다.

구속의 위대함은 무엇보다 사람의 죄악이 아니라 자신에 대한 권리를 주장하는 죄를 다루는 데 있다. 사회의 문제아들을 구출하는 일도 매우 귀중한 일이지만 그것이 기독교의 전부는 아니다. 아무런 문제가 없는 가장 선한 사람들에게 가서 예수 그리스도께서 원하는 것은 그들이 자신에 대한 권리를 주님께 양도하는 것임을 알려 주어야 한다.

복음에 있어서 중요한 것은 복음은 전파되어야 한다는 사실이다. 당장 보이는 결과가 나타나지 않아도 절대로 낙심하지 말라. 구약의 선지자들과 신약의 사도들은 자신들이 말하고 행동한 것이 어떤 결과를 가져올지 전혀 알지 못했다. 따라서 당장 눈에 보이는 결과를 위해 일하려는 자세를 버리고 성령의 지시를 따르라.

하나님은 구원과 관련해서는 차등을 두지 않으신다. 그러나 그리스도인의 인격에 대해서는 엄격한 차등을 두신다. 각 사람마다 순종에 의해 그들이 누리게 될 영광이 크게 다를 것이다.

구원은 구속을 통한 은혜의 선물이다. 하늘나라에서의 지위는 선물이 아니라 구원 받은 각 사람이 얻어 내야 하는 것이다. 구원과 성화는 다르며, 구속 받은 사실과 구속 받은 사람으로서 자신을 입증하는 것도 다르다. 구원을 받았어도 자신의 유익만을 구하는 야비한 삶을 살 수 있고, 유한한 육체를 통해 주 예수님의 생명을 나타내는 삶을 살 수도 있다. 예수 그리스도는 영혼을 구하라고 제자들을 보내신 것이 아니라, 구속주의 생명과 조화로운 삶을 살 수 있도록 "제자를 만들라"고 보내셨다.

전도의 방법 중에 지양해야 하는 것이 있다. 자기 유익을 구하는 마음을 부추기는 방법이다. 예를 들어, 구원을 장래의 형벌을 피하고 천국에 들어가기 위한 보험으로 여기게 하는 방법이다. 우리는 사람으로 하여금 '죄로부터의 구원'을 체험하게 해야 한다. 구원은 자신의 유익이 아니라 하나님과 동료들에게 유익한 존재가 된다는 점에서 기쁨을 준다.

기독교에 있어서 가장 중요하고도 변함없는 기반은 개인의 성결이나 거룩이 아니라 하나님의 용서이다. 이 용서의 근간에는 위대하고도 험악한 십자가 사건이 있다. 이것이 바로 모든 성경이 강조하는 '용서'이다.

"우리는 그리스도 안에서 그의 은혜의 풍성함을 따라 그의 피로 말미암아 속량 곧 죄 사함을 받았느니라"엡 1:7.

구속의 은혜는 하나님의 아들 예수 그리스도께서 순종하심으로 인해 우리에게 주어지는 것이다.

"그가 아들이시면서도 받으신 고난으로 순종함을 배워서"히 5:8.

우리의 순종에 대한 개념은 죄로 인해 왜곡되었기 때문에 예수님께서 어떻게 '순종을 배웠는지' 이해할 수 없다. 주님은 죄가 없으셨기 때문에 '순종을 배운' 유일한 분이라고 말할 수 있다. 그분은 아들이 되기 위해서 순종을 배운 것이 아니라, 세상을 구속하시기 위해 아들로서 오셔서 순종하셨다.

우리 주님은 세상의 죄를 대속하기 위해 오셨다. 고결한 성품의 충동에 의해서 대속 제물이 되신 것이 아니라 하나님만이 사람을 구속하실 수 있다는 자아 희생의 완벽한 의식 가운데 우리를 위해 친히 대속 제물이 되셨다.

연합을 추구하는 일에 미치지 않도록 주의하라. 물론 예수 그리스도께서 하나님과 하나이신 것처럼 모든 그리스도인이 주님과 연합하는 것은 하나님의 뜻이다요 17:22. 그러나 오늘날처럼 구속을 무시하는 바탕 위에서 연합을 추구하는 것은 전혀 다른 문제이다.

거듭남을 통해 영적인 존재가 되기 전에는 예수님의 구속의 의미를 발견할 수 없다. 오직 우리가 "그리스도 예수 안에서 하늘의 장소"에 살게 될 때 구속의 의미를 발견하기 시작한다. 구원은 하나님께서 죄로 인해 저주 받은 세상을 구속하셨다는 계시에 근거한다롬 5:12, 20-21. 구원 체험을 통해 사람은 거듭나게 되고 이는 예수 그리스도의 성향, 즉 성령께서 각 사람의 마음에 임재하심을 뜻한다.

구속에 대한 믿음은 먼저 자신을 내려놓아야 하기 때문에 가지기가 어렵다. 당신은 인간의 죄로 인해 파생된 모든 결과가 하나님의 구속의 역사를 통해 다시 바르게 될 것을 믿는가? 구속은 불가능을 가능으로 변화시키는 실체이다. 하나님의 강력한 구속의 역사는 살아 움직이는 성령의 능력을 통해 우리의 삶 속에서 현실이 된다.

12
성결

예수님을 제대로 알지 못한 채 성결을 선포하지 말라. 우리가 구원 받고 성결하게 된 것은 주님을 알기 위해서이다.

> "너희는 하나님으로부터 나서 그리스도 예수 안에 있고 예수는 하나님으로부터 나와서 우리에게 지혜와 의로움과 거룩함과 구원함이 되셨으니"고전 1:30.

예수 그리스도 자신이 지혜, 의, 거룩, 구원의 실체시다. 이러한 것들은 주님 없이는 발생될 수 없는 것이다.

우리는 일을 해서 하나님으로부터 삶을 얻어 낼 수 없다. 우리는 단지 주시는 것을 받을 수 있을 뿐이다. 구원, 성결, 영생은 모두 구속을 통해 하나님께서 우리에게 주신 선물이다. 문제는 주께서 주신 선물들을 우리가 얼마나 잘 활용하고 있는가 하는 점이다.

"나는 거룩한 삶을 살 수 없다"는 말은 정확하게 맞다. 그러나 우리는 예수님께서 우리를 거룩하게 만드시도록 허락할 수 있다. "나는 과거를 어떻게 할 수 없다"는 말은 맞다. 그러나 우리는 예수님께서 과거를 해결하시도록 할 수 있다. 오직 문제는 우리의 삶을 온전히 주께 맡기겠는가 하는 것이다.

우리는 성결하기 전에 성별consecration되어야 한다. 그러나 엄밀히 말해 성별은 성결 후에 뒤따라오는 것이다. 성별의 근본적인 의미는 거룩하지 않은 것을 거룩하게 만들기 위해 구별하는 것이 아니라, 이미 거룩해진 것을 하나님께 따로 떼어 드리는 것을 의미한다. 사도 바울은 "너희 몸을 하나님이 기뻐하시는 거룩한 산 제물로 드리라"롬 12:1고 말한다. 우리는 하나님께서 성결하게 하시지 않은 것을 주께 성별하여 드릴 수 없다.

'개인의 거룩'이 결과가 아니라 이유가 될 때, 그러한 거룩은 아무리 심오하게 보인다고 할지라도 결국 천박하다. 즉, 실제로 거룩하게 되는 것이 아니라 아무 흠 없이 보이려고 헛수고할 뿐인 것이다. 온 맘으로 예수 그리스도께 헌신하기보다 겉만 깨끗하게 보이려고 노심초사하는 사람들이 이러한 부류에 속한다.

신앙생활을 하면 거룩해진다는 생각 자체가 성경적 사고가 아니다. 무엇보다 우리의 삶이 먼저 예수님의 죽음과 일치되어야 한다.

"내가 그리스도와 함께 십자가에 못박혔나니" 갈 2:20.

이것이 바로 성결의 의미이고, 이후에야 비로소 우리는 성결 위에서 거룩하게 성장할 수 있다.

예수 그리스도는 우리의 성향을 주님 자신의 것처럼 성결하게 만드실 수 있다. 이것이 바로 복음이 주장하는 바이다. 그러나 '고맙습니다, 하나님. 구원 받고 성결하게 되었으니 이제 다 되었습니다'라고 생각한다면 매우 어리석은 것이다. 구원 받고 성결하게 된 상태는 세상에 대항하면서도 정복되지 않은 생명을 얻었음을 의미한다.

"이제 성결하게 되었으니 세상은 내게 아무런 매력이 없습니다"라고 말하는가? 천만의 말이다. 세상은 우리의 관점이 아닌 성령의 관점에서의 세상임을 잊지 말라. 흉측한 죄악이 아니라 "가나안 땅에 있는" 하나님의 창조물 일부분이 매력적인 것임을 잊지 말라. 이런 것들이 조금씩 우리의 마음속에 들어오면 우리는 이방인의 기준에 따라 생각하게 된다. 위기가 닥칠 때에야 비로소 자신이 하나님과 함께하지 않았음을 깨닫게 되는 것이다.

하나님은 자신의 이름을 주께서 구원하시고 성결케 하신 영혼들 속에 계신 예수 그리스도의 사역에 거셨다. 문제 많은 이 시대 속에서 하나님께 쓰임 받기 위해 가장 중요한 점은 성결을 위해 준비되어야 한다는 사실이다. 오늘날 사람들의 핏속에는 '뭔가를 하라', '실속 있어야 한다'는 열정적인 욕구가 흐른다. 그러나 우리에게 정작 필요한 것은 마음 깊은 곳까지 인격적 성화를 경험하는 것이다. 성결의 의미를 이해하지 못한 채 진행되는 사역들은 결국 허공만 치게 될 것이다.

성결은 거룩에 대해 말하고 경건한 노래를 할 때가 아닌 아무도 보지 않는 곳에서의 우리 모습을 통해 증명된다. 특히 우리를 가장 잘 아는 사람들에게 보이는 우리의 모습을 통해 여실히 드러나게 된다. 성결하게 된 이후에 자신의 천박한 선입견을 하나님이 주신 생각으로 오해하지 않도록 하라. 경건하게 들리는 말은 삶의 에너지를 말에 집중시키며, 경건하게 사는 능력을 마비시킨다. 우리의 마음이 질투, 부러움, 앙심으로부터 자유하지 않으면서 경건하게 들리는 말만을 할 때 그 말은 위선을 증가시킬 뿐이다. 감상을 주의하라. 감정이 야기되어 의도하지 않은 일을 할 수 있다.

복음의 참된 가르침이 있는 곳마다 구원과 성결의 역사가 나타난다. 만일 우리가 말씀 선포자로 부르심을 받았다면 하나님은 우리에게 사역자들이 거쳐야 하는 '맷돌'을 통과하게 하실 것이다. 즉, 하나님은 우리가 다른 사람들의 영양분이 될 수 있는 '빵'이 되도록 만드실 것이다. 우리가 이 과정을 지나는 때는 성결하게 된 이후이다.

성결함만을 드높이는 설교는 사람들을 절망에 빠뜨리게 될 것이다. 그러나 예수 그리스도를 높이면 사람들은 거룩에 이르는 길을 배우게 될 것이다.

> "내가 너희 중에서 예수 그리스도와 그가 십자가에 못 박히신 것 외에는 아무것도 알지 아니하기로 작정하였음이라" 고전 2:2.

성결하게 되면 실수하지 않을 것이라는 생각은 매우 위험하다. 우리는 어쩔 수 없이 실수를 할 것이기 때문이다. 오직 "주님께서 빛 가운데 거하심 같이 우리도 빛 가운데 행할" 때 우리는 안전할 수 있다. 성결하게 된 이후에 우리는 하나님의 빛 가운데로 들어가게 된다. 그러면서 과거에는 느끼지 못했던 죄악들을 예민하게 느끼게 된다.

구원은 성도의 즐거움이 아니라 하나님께서 그를 구원하신 사실에 초점이 맞추어져 있다. 사람이 성결하게 된 사실에 초점이 있지 않고, 하나님이 그를 성결하게 하신 사실에 초점이 있다. 이와 같이 구원의 목적은 우리의 온 마음이 하나님께 집중되도록 하는 데 있다. 우리는 사역을 위해서가 아니라 예수 그리스도의 완벽한 소유가 되기 위해 구원 받고 성결하게 되었다. 주님의 소유가 되면 주님을 위해 삶의 열정이 타오르게 되어 있다. 성결은 하나님 외에 다른 모든 사람과 모든 것에 대한 신뢰를 영원히 떠나보내는 것이다.

언제나 우리는 성결의 가치를 시험할 수 있다. 만일 자신의 성결함에 대해 조금이라도 우월한 의식을 느낀다면 이는 아직 그리스도의 옷깃도 스치지 못했다는 증거이다.

예수님께서는 "나는 양을 위하여 목숨을 버리노라 … 내가 스스로 버리노라"고 말씀하셨다 요 10:15,18. 만일 우리가 성결하게 되었다면 우리도 주님과 똑같은 일을 해야 한다. 이는 '나 자신에 대한 더 깊은 죽음'deeper death to self을 의미하지 않는다. 매일의 삶 가운데 예수님께 기쁜 마음으로 민첩하게 희생하려는 자아와 인격을 소유하게 된 영광스러운 사실을 의미한다.

13

죄

죄는 사람이 다룰 수 있는 문제가 아니라 하나님만이 다루실 수 있는 문제이다. 내가 바로 가장 악독한 죄인 중 한 명이라는 내면의 고통을 경험한 적이 없다면 죄에 대해 분석하려고 시도조차 하지 말라. 죄에 대해 말할 때 언제나 '내 죄'를 말하라. 우리가 일반적인 죄악들을 말하는 한 우리는 예수 그리스도를 멀리하게 될 것이다.

죄는 하나님께서 의도하지 않으신 관계로부터 나온 결과이다. 죄의 본질은 사람이 자신에 대한 자기 권리를 주장하는 그릇된 성향을 수단으로 하여 다른 인격체와 관계를 유지하려는 것이다. 나 자신에 대한 권리를 주장한다는 것은 단지 어떤 의견을 내세우는 것을 의미하는 것이 아니다. 언제나 내 방식대로 해야만 직성이 풀리는 성향을 뜻한다.

하나님은 죄를 다루실 때 인간의 독자성을 다루신다. 그러면 인간은 마음속에 분노를 느끼지만 하나님께 항복하면 오직 참된 자유만 남고 다른 모든 독자성은 깨끗하게 제거된다. 자유는 하나님의 권리를 인정하는 가운데 내 권리를 주장하지 않을 수 있는 능력을 말한다.

주위를 둘러보면 큰 죄를 저질러 우리를 놀라게 하는 사람들도 있고, 한 점 흠 없이 사는 사람들도 있다. 그러나 그들은 '나 자신에 대한 권리를 주장'한다는 관점에서 모두 같은 성향의 사람이다. 예수 그리스도는 이 두 종류의 사람들을 모두 다루신다. 그들 모두에게 복음을 전해야 한다.

예수 그리스도께서는 우리가 사람을 대하는 방법으로 사람을 대하지 않으신다. 우리는 주님 앞에 세리들과 죄인들을 먼저 두고 그 다음에 도덕적으로 흠 없는 사람을 둘 것이다. 그러나 주님은 후자의 사람들에게 더 엄중하시다. 이를 인식할 수 있으려면 우리의 관점에 혁명이 일어나야 한다.

원죄란 '하나님 없이 사는 것'이다. 하나님이 보시는 원죄는 하나님 없이 살아 보려는 인간의 의식에서 시작되고, 인간은 점차 그런 상태에 익숙해져 간다.

"속에서 곧 사람의 마음에서 나오는 것은 악한 생각 곧 음란과 도둑질과 살인과 간음과 탐욕과 악독과 속임과 음탕과 질투와 비방과 교만과 우매함이니 이 모든 악한 것이 다 속에서 나와서 사람을 더럽게 하느니라"막 7:21-23.

우리는 주님의 분명한 메시지를 통해 자신을 점검하는 습관을 가져야 한다. 나를 '평범한 무리들'과 다르게 느끼도록 만드는 것은 절대로 하나님께로부터 온 것이 아니다. 나는 다르지 않다. 죄수나 성자나 하나님 앞에서 다 똑같은 죄인이다. 다만 성도는 첫째 아담의 후손으로서 아무리 타락했을지라도 둘째 아담에 의해 "새로운 피조물"이 된 자들이다.

"그리스도 예수께서 죄인을 구원하시려고 세상에 임하셨다"딤전 1:15.

여기서 죄인이란 누구인가? 예수님께서 하나님과 하나이신 것처럼 예수 그리스도와 하나가 되지 못한 모든 사람은 죄인이다. 우리 주님은 죄인에게 해를 끼치기 위해 오신 것이 아니라 죄로부터 우리를 구원하시기 위해 오셨다.

우리는 복음의 축복을 아주 특별한 무리만을 위한 축복으로 여기려는 경향이 있다. 그러나 복음의 축복은 은혜로 구원 받은 모든 죄인들을 위한 것이다. 우리는 무엇에도 비할 데 없는 놀라운 은혜로 구원 받았지만, 끔찍할 정도로 성장하지 않는 성도가 될 수도 있다. 혹은 사도 바울처럼 온전히 성숙에 이르는 성도가 될 수도 있다. 그러나 그 누구도 하나님의 은혜 외에는 구원 받을 수 없다.

예수 그리스도는 하나님께 속하지 않은 것을 철저하고도 무자비하게 다루신다. 감추어진 것들이 그대로 덮여 있는 상태에서 우리는 하나님의 심판이 엄하다고 생각한다. 그러나 성령께서 죄의 비밀스런 사악함을 환한 빛 아래 뚜렷하게 드러내시면 그제야 비로소 우리는 주의 심판이 의롭다는 사실을 깨닫는다.

사람들이 복음으로부터 자기 자신을 차단하는 이유는 죄의 책망이 마음의 균형뿐만 아니라 몸의 균형도 흔들어 놓기 때문이다. 그러나 거룩이 신체적 건강보다 중요하다는 사실을 확신하게 되면 거룩을 얻기 위해 모든 책망을 허락하게 된다.

오늘날 죄의 문제를 다루지 않은 상태에서 천국에 들어갈 수 있는 방법을 제시하는 사람들이 있다. 그러나 죄의 문제를 해결하지 않는 한 이는 불가능하다. 우리는 어떻게 행동해야 하는지 본을 보여 주는 사람이 아니라 죄로부터 구원하시는 구세주 예수 그리스도께 유일한 소망을 두는 사람이어야 한다. 복음의 소식을 듣는 자마다 소망을 갖게 되는 것이다. 우리 주님은 절대로 죄에 공감하지 않으신다. 오히려 죄에 사로잡힌 자들에게 자유를 선포하기 위해 오셨다. 우리는 죄를 희석시키는 신학을 멀리하고 죄로부터 구원하시는 구세주의 능력을 선포해야 한다.

사람에게 죄의 가책을 느끼게 하는 것은 우리의 일이 아니다. 성령만이 죄를 책망하신다. 우리의 의무는 죄로부터 우리를 자유하게 하시는 그분을 높이는 것이다. 죄는 절제를 하거나 맞서거나 내버려 둔다고 해결되는 문제가 아니다. 죄의 문제는 성령의 임재 가운데 내면의 근본적인 변화를 겪은 후에야 해결할 수 있다. 우리는 성령님이 주관하시는 변화의 역사를 받아들이고, 그 변화가 자신의 삶 속에서 나타나도록 해야 한다.

성도 안에 있는 성령의 생명은 죄를 향하여 매우 강렬하며 거칠게 대항한다. '죄'에 대한 예수님의 자세가 곧 우리의 자세가 되어야 한다. 성령에 의한 죄의 가책은 우리의 인격성에 대한 깊은 깨달음을 준다. 성령의 이러한 역사 없이는 우리는 우리 자신을 제대로 알 수 없다요 16:8-11.

하나님의 용서는 주님의 가장 깊은 속성과 타락한 인간의 가장 깊은 속성을 모두 만족시킨다. 죄가 무엇인지 우리가 깨닫기 전까지 하나님께서는 우리를 용서하실 수 없다. 죄는 실체이다. 죄악은 현실에서 나타나는 실상이다. 은혜 가운데 우리가 얼마나 성장했는가는 죄에 대한 우리의 예민성과 비례한다.

많은 사람들이 자신을 죄인이라고 부르는 자리까지 간다. 그러나 "하나님께 대항하여 죄를 범하였다"고 인정하는 자리까지는 가지 않는다. 사람들은 종종 죄로부터의 구원과 죄악으로부터의 구출을 혼동한다. 어떤 사람은 특별한 하나님의 은혜의 역사 없이도 죄악으로부터 빠져나온다. 그러나 성경이 말하는 구원의 기반에는 반드시 '회개'가 있다. 회개란 주님과의 인격적 관계에 서는 것이다.

많은 사람들이 예수님의 거룩하고도 고결한 생애에 대해 듣기를 즐거워한다. 그러나 성령께서 그들의 죄를 책망하기 시작하면 그들은 심하게 분개한다. 처음에 느끼는 죄책감은 성숙한 성도가 성령으로 느끼는 죄책감에 비교할 수 없다. 성령이 주시는 죄의 책망을 체험한 후에는 결코 다른 사람들에 의해 부끄러움이나 수치를 당하지 않을 수 있다.

초신자들은 죄에 대해 많은 이야기를 하지만 주로 죄의 결과들에 대한 것들이지 실제로 죄가 무엇인지 깨닫지 못할 때가 많다. 주님이 겟세마네 동산에서 겪으신 고통의 의미가 무엇인지를 조금이라도 이해하려면 우리는 특별한 종교 체험의 좁은 틀에서 벗어나 하나님이 죄를 보시는 그 관점으로 나아가야 한다.

> "하나님이 죄를 알지도 못하신 이를 우리를 대신하여 죄로 삼으신 것은 우리로 하여금 그 안에서 하나님의 의가 되게 하려 하심이라" 고후 5:21.

만일 예수 그리스도께서 오신 초자연적인 목적, 즉 죄로부터 우리를 구원하시는 목적을 제거한다면 우리는 하나님의 계시의 반역자가 되는 것이다. 그리스도의 십자가는 하나님의 마지막 말씀이자 영원한 말씀이다(그리스도의 십자가는 하나님의 마지막 대안이자 영원한 사랑의 메시지이다). 십자가에서 이 세상 모든 우상이 심판을 받았고, 죄는 끊겼으며, 교만은 죽었으며, 정욕은 얼어붙고, 이기심은 난도질을 당해 다시는 살아날 수 없게 되었다.

하나님의 아들을 갈보리로 가게 한 인류의 가장 큰 죄는 어떤 사회적인 범죄가 아니라, 바로 하나님으로부터 독립하려는 인간의 지독한 죄성이다.

14
예수님의 가르침

　우리 주님은 사람들에게 거룩하라고 '가르치기' 위해 이 땅에 오신 것이 아니다. 그분은 사람을 거룩하게 '만들기' 위해 오셨다. 주님의 가르침은 구속을 체험한 자들에게만 적용될 수 있다.

　예수님께는 가르침이 우선이 아니다. 주님이 우선시하시는 것은 우리에게 완전히 새로운 유전적 형질을 주시는 것이다. 주님은 이를 위해 오셨다. 산상수훈을 통해 예수님은 이 유전 형질이 어떻게 활동하는지 설명해 놓으셨다. 우리의 영적인 삶이 얼마나 둔해졌는지 알 수 있는 좋은 방법은 산상수훈을 읽는 것이다. 예수 그리스도의 위대한 가르침을 대하면서 우리 자신이 얼마나 무딘지를 알게 되는 것이다.

산상수훈의 교훈에 대해 차분히 생각해야 할 것이 있다. 성령께서 그 가르침을 우리의 기억 속으로 가져오실 때까지 그 교훈들은 우리에게 순종을 요청하지 않는다. 그러나 성령께서 주의 교훈들을 생각나게 하시면 우리는 삶 가운데서 그리스도의 성품을 발휘하며 주님의 마음에 합당한 분량까지 자라나야 한다.

주님께 순종하기를 거절하는 자들이 예수 그리스도의 말씀에 대해 찬반을 논한다. 이들은 어떠한 행동을 해도 결코 의로울 수 없다. 오직 예수 그리스도께서 명하신 것을 하나님의 은혜로 순종할 수 있을 때에야 의로울 수 있다. 주님의 가르침은 우리가 순종하기 전까지 우리에게 아무런 의미가 없다. 그러나 순종하는 순간 모든 것은 그 의미를 드러낸다.

주님이 가르치신 내용이 무엇인지 분명하게 알라. 그 후 온 힘을 다해 그리스도의 가르침을 전하고 또 전하라. 자신이 만들어 놓은 어떤 행동 원칙이 예수 그리스도의 자리를 대신하게 될 때 믿음은 부패한다. 주님과의 인격적 관계를 가장 중요하게 여기고, 성령께서 주의 가르침을 우리의 삶에 적용하실 수 있도록 하라. 주인께 드려야 할 충성을 주인의 가르침으로부터 만들어진 어떤 행동 원칙에 충성하는 것으로 대치하지 말라. 오류 없는 행동 원칙들은 없다. 오직 오류가 없으신 인격만이 계실 뿐이다.

우리의 삶이 예수 그리스도의 명령에 부합하지 않는다면 주를 향한 모든 헌신은 하나님께 도리어 모독이 된다. 영적인 일들은 성실하게 행하면서 덜 영적인 것들은 무시하는 경향이 없도록 하라. 즉, 기도 모임에는 열심을 내면서 공동체를 위해 청소하는 일을 게을리하지 말라. 주님의 가르침 중에 어떤 한 부분을 취하여 하나님 자리에 두지 않도록 주의하라. 어떤 부분을 절대 기준으로 삼는 것은 참으로 위험한 것이다.

마태복음 5장 48절은 그리스도인에게 분명한 기준을 제시한다.

"그러므로 하늘에 계신 너희 아버지의 온전(완전)하심과 같이 너희도 온전(완전)하라."

예수 그리스도께서 이미 온전함에 이르셨듯이 '나는 완전하다'라는 의식을 붙들고 온전함을 추구하라. 우리는 마음속 깊은 동기까지 도덕적으로 옳아야 한다.

주님은 의로운 사람들이 해야 하는 모든 선행을 다 행할 것을 우리에게 부탁하시지만, 완전히 다른 동기를 가지고 행하길 기대하신다마 5:20. 그리스도인들은 세상의 다른 사람들처럼 자신의 연약함을 핑계 대서는 안 된다. 그 이유는 하나님의 영광이 그리스도인에게 달려 있기 때문이다.

사람이 거듭나서 그리스도의 이름을 지니게 되면 성령은 세상이 그를 더 철저히 흠잡도록 내버려 두신다. 그러나 중생한 그리스도인들은 세상의 철저한 점검을 받을수록 더욱 온전하고 강건해진다.

현재의 문명화된 조직적 기관들은 지독할 정도로 예수님의 가르침에 반대한다. 기관이 조직 자체에 신경을 쓰기 시작하면 영적인 능력은 사라지고, 오직 조직의 성장만을 위해 노력하게 된다. 성령에 의해 시작된 운동일지라도 점차 조직화되어 영적인 황금률에서 벗어나게 될 때 결국 하나님은 돌처럼 굳은 조직을 부수기 시작하신다.

"내가 율법이나 선지자를 폐하러 온 줄로 생각하지 말라 폐하러 온 것이 아니요 완전하게 하려 함이라"마 5:17.

우리 주님은 아무것도 폐하지 않으셨다. 주님은 기존의 체계에 그 체계를 다시 세울 수 있는 통제 법칙을 더하셨다.

주님의 가르침은 거듭나지 않은 사람들에게 지독할 정도로 모독을 준다. 이 사실을 깨달을 만큼 주님께 가까이 가본 적이 없다면 당신은 주님을 만난 적이 없는 것이다. 하나님과의 관계에서 벗어나는 순간, 우리는 혼돈의 지옥에 살게 된다. 예수님의 가르침은 언제나 이 사실을 말하고 있다마 5:21-26. 이러한 이유 때문에 거듭남을 경험하지 못한 사람들은 예수님의 가르침을 듣고 대경실색하게 된다.

진리가 임할 때 우리의 첫 반응은 그 진리를 다른 사람에게 적용하는 것이다. 그러나 성령께서는 진리를 알려 주시면서 "네가 그 사람이다"라고 말씀하신다. 사람들은 자신이 죄를 지었음에도 불구하고 그 화살을 다른 사람에게 돌리고 싶어 한다. 다른 사람을 점검하지 말고 먼저 우리 자신을 점검하라. 만일 우리 눈 속의 들보를 제거하지 못한다면 우리는 결코 형제의 눈에 있는 티를 빼지 못할 것이다마 7:3-4.

사람들은 다음과 같은 위험한 행동을 할 가능성이 많다. 먼저 자신은 짐을 덜어 주고자 하는 마음이 전혀 없으면서 다른 사람들에게 짐을 지우거나, 주님의 교훈이 주는 확실한 의도를 알면서도 요리조리 빠져나가려고 하는 것이다.

> "화 있을진저 또 너희 율법교사여 지기 어려운 짐을 사람에게 지우고 너희는 한 손가락도 이 짐에 대지 않는도다"눅 11:46.

초자연적인 거듭남이 없이는 예수님의 가르침은 적용될 수 없다. 오직 절망만 자아낼 뿐이다.

불구의 삶과 성숙한 삶에 대한 주님의 가르침은 충분하게 인식되지 못했다. 불구가 될지라도 의로움을 지키겠다고 결단하지 않으면 우리는 절대로 성숙할 수 없다마 5:29-30,48.

> "또 누구든지 너로 억지로 오 리를 가게 하거든 그 사람과 십 리를 동행하고"마 5:41.

만일 우리가 성도라면 주님은 우리의 역량을 아낌없이 다 사용하도록 만드실 것이다.

    기독교의 기준에 전혀 못 미치는 삶을 사는 공동체를 가르치려면 오랜 시간이 걸린다. 이러한 공동체를 대할 때 우리는 그들의 현실을 무시하지 않으면서 동시에 기독교 윤리에 합당하게 행동해야 한다. 타락한 군중 사이에서 살아간다고 해서 본연의 의무가 변하는 것은 아니다. 세상이 아무리 타락해도 우리는 여전히 예수님의 제자로서 행동해야 한다.

15
유혹

    유혹을 초월하여 다시 일어설 수 있는 힘은 오직 하나님께로부터 나온다. 도덕적인 책임이 주어지는 곳마다 유혹이 있다. 즉, 유혹은 인간의 인격 속에 무엇이 있는지 시험한다. 마귀가 사람을 시험한다는 청교도적 사고는 이를 악물고 악과 싸우게 만드는 놀라운 효과를 만들어 낸다. 그러나 유전적 성향과 상황을 핑계 삼는 현대적 사고로는 당장 유혹에 항복할 수밖에 없다.

    사탄이 주는 이미지는 종종 사람의 기준에서 혐오스러운 것을 의미할 때가 많다. 그러나 성경이 말하는 마귀는 모든 사람이 매력을 느낄 만큼 간교하고 지혜롭다. 사탄의 유혹은 짐승들처럼 노골적이지 않다. 사탄은 사람의 어리석음과 그릇됨을 간교하게 이용한다.

성령은 사탄의 유혹을 정확하게 간파하시는 유일한 분이시다. 우리의 상식이나 지혜로는 사탄의 유혹을 간파할 수 없다. 인간의 지혜로 사탄의 유혹을 대할 때 그 유혹의 간교함은 극에 달하는 것처럼 보인다. 그러나 하나님의 성령이 우리 안에서 역사하는 즉시 우리는 자신 안에 있는 거짓된 지혜를 인식하게 된다. 사탄에게 틈을 내준 책임이 인간에게 있지만 예수 그리스도는 인간을 통해 역사하는 사탄을 직접 다루신다. 우리가 마귀가 행한 일까지 책임지는 일은 없는 것이다.

오늘날 기독교 사역은 "사람의 필요가 제일 우선이다"라고 유혹하며 사람들에게 공감을 갖는 것에 주목한다. 그러나 그렇지 않다. 하나님을 향한 공감이 최우선이어야 하며 주의 뜻을 이루는 것이 최우선의 목표가 되어야 한다. 만일 인간을 향한 동정심 때문에 사탄의 편에 서게 되면 그 순간부터 우리는 하나님의 마음을 헤아릴 수 없게 된다.

주님은 베드로에게 이렇게 말씀하셨다.

> "예수께서 돌이키시며 베드로에게 이르시되 사탄아 내 뒤로 물러가라 너는 나를 넘어지게 하는 자로다 네가 하나님의 일을 생각하지 아니하고 도리어 사람의 일을 생각하는도다" 마 16:23.

인간의 마음이 무엇을 의식하는지 꿰뚫어 보신 주님의 말씀이다.

즉, 사람의 마음이 성령에 의해서 빚어지지 않으면 너무나 둔하고 악하여 주님의 뜻을 전혀 이해할 수 없다는 것이다.

사탄은 사람을 끔찍한 죄악들로 유혹하지 않는다. 그가 유혹하는 한 가지는 하나님 대신 우리를 우리 삶의 주인으로 두라는 것이다. 주님을 성자들이 벗어 놓은 예복을 보관하는 옷장에 모셔 두지 않도록 주의하라. 주님을 거룩한 성전에만 계신 분으로 오해하며 예배 시간에만 주님을 기억하는 이원론적인 삶을 살지 말라는 의미이다.

> "우리에게 있는 대제사장은 우리의 연약함을 동정하지 못하실 이가 아니요 모든 일에 우리와 똑같이 시험을 받으신 이로되 죄는 없으시니라" 히 4:15.
>
> "거룩하게 하시는 이와 거룩하게 함을 입은 자들이 다 한 근원에서 난지라 그러므로 형제라 부르시기를 부끄러워하지 아니하시고" 히 2:11.

유혹자를 어떻게 대면할 수 있는가? 기도를 통해? 하나님의 말씀으로? 그렇지 않다. 예수 그리스도로 유혹자를 대면하라. 그러면 주께서 하나님의 말씀을 우리에게 적용하실 것이며 유혹은 멈출 것이다.

"그가 시험을 받아 고난을 당하셨은즉 시험 받는 자들을 능히 도우실 수 있느니라"히 2:18.

가장 이겨 내기 힘든 유혹의 순간들이 오히려 주님의 초자연적인 구원이 나타날 수 있는 기회가 되기도 한다.

16 간증

 간증이 우리의 신앙적 체험을 바르게 유지시키는 것은 절대 아니다. 체험이 우리에게 간증하게 만드는 것이다. 간증은 곧 모든 그리스도인의 삶의 일부분이다. 그러나 간증할 것이 있다고 해서 설교하라고 부름을 받은 것은 아니다.
 하나님께서 우리를 위해 어떤 일을 하셨는지를 말하는 것이 간증이다. 그러나 우리가 체험한 그 어떤 것보다 간증할 때는 그 이상을 선포해야 한다. 즉, 예수 그리스도를 선포해야 한다. 믿음의 대상인 주 예수님을 제시하고 그분을 높이라. 이러한 마음가짐으로 간증을 하라.
 뭔가에 대해 말하는 것은 그것을 믿기 시작하는 확실한 방법이다.

이러한 이유 때문에 우리는 예수 그리스도께서 우리를 위해 하신 일을 간증할 필요가 있다. 그러나 우리 자신이 이 세상을 향해 주께서 쓰신 서신이라는 사실을 알게 될 때 '물론 나는 주님의 서신이지! 그러나 그러한 사실을 알 필요가 있을까?' 하는 생각이 스며들지도 모른다. 이러한 부정적인 생각을 경계하라.

하나님과 동행하는 사람을 만날 때마다 서로의 체험과 간증이 일치하는 것을 발견하게 될 것이다. 참된 간증은 진리를 추구하는 모든 사람을 사로잡는다. 일반적으로 곰팡이가 필 정도로 오랜 세월이 지난 과거의 간증을 붙들고 살기가 훨씬 쉽다. 최근에 하나님을 만난 체험보다 사람들이 쉽게 동의할 수 있는 오래된 간증이 전하기가 편하기 때문이다.

나는 간증을 위해 사는가? 아니면 간증을 통해 하나님께 영광을 돌리고 있는가? 체험 간증 집회가 위험한 것은 하나님께 영광을 돌리기보다 성경의 기준에서 벗어난 황당하고 숨 막히는 체험들을 증거하기 때문이다. 그러다 보면 사람들은 자신도 모르는 사이 흥분 상태를 경험하다 병적인 발작 상태로 빠져들기도 한다.

"벌써 그러한 체험을 했지요" 하면서 사람들은 자신들이 가진 비전이 현실로 이루어지기 전에 조급하게 간증을 하는 경향이 있다. 그러나 비전을 본 후에 우리가 해야 할 일은 하나님 앞에서 자신을 점검하는 것이다. 그 후 그 비전이 우리 삶에서 실제가 될 수 있도록 철저히 준비해야 한다.

하나님이 원하시는 사람이 되려는 비전을 갖게 될 때 우리는 자신이 실제로 어떤 사람인지 보게 되면서 부끄러움에 빠진다. 그리고 성령의 역사하심 가운데 나의 모습을 날것 그대로 마주했을 때는 이러한 부끄러움과 비교할 수 없을 만큼 깊은 수치와 환멸을 느끼게 된다. 그러나 차츰 자신에 대한 환멸이 사라지고, 그 순간부터 하나님은 그 사람의 비전이 실제가 되게 하신다.

상대를 가르치겠다는 의도를 가지고 간증하지 않도록 하라. 사실 그대로를 말하고 싶은 마음이 생길 때까지 기다리라. 그리고 언제든지 거리낌 없이 개인적인 간증을 할 준비를 하라. 그러나 개인적인 간증이 자기 일대기를 말하는 것으로 전락하지 않도록 주의하라.

우리는 사람들에게 하나님이 어떠한 분이신지 간증하는 것이지, 우리의 간증 자체가 그들로 하여금 내가 경험한 하나님을 그대로 경험하게 하는 것은 아니다. 우리는 그들 각자가 하나님을 경험할 때까지 우리의 경험을 완전히 알 수 없음을 기억해야 한다.

만일 우리의 간증이 다른 사람으로 하여금 우리의 모습을 흉내 내고 싶도록 만든다면 이는 예수님을 증거하지 않은 잘못된 간증이다. 성령은 예수 그리스도가 간증 그 자체보다 더 높여질 때에 그 간증을 증거하신다.

2부

제자의 또 다른 이름,
사역자를 향한 외침

17
메시지

한 개인의 간증은 누군가의 입에 음식을 넣어 주는 것과 같다. 그러나 복음을 선포하려면 이보다 더 준비되어야 한다. 또한 설교자는 그 메시지의 한 부분이어야 한다. 성령 세례를 경험한 제자들은 이 같은 역사를 일으켰다. 오순절 제자들에게 임하신 성령님은 그들을 주님의 가르침이 담긴 살아 있는 서신으로 만들어 놓았다. 그들은 단지 주님의 생애를 기록해 놓은 인간 축음기가 아니었다. 만일 설교자가 예수님의 제자로서 충성스럽게 산다면 주님은 그의 설교를 단순한 메시지를 넘어 삶을 변화시키는 놀라운 메시지로 만드실 것이다.

복음을 선포한다는 것은 자기 자신이 '성찬'이 된다는 뜻이다. 말쓰이신 그리스도와 연합되어 있지 않는 상태에서의 설교는 그저 울리는 꽹과리 소리에 지나지 않을 것이다. 이러한 설교는 회개와 애통의 과정을 통과하지 않은 설교이다. 다시 말해 아무런 희생이 없는 설교인 것이다.

상대에게 하나님께 어떻게 다가가는지를 설명할 필요가 없다. 대신 그를 하나님께 데려가라. 구속에 대한 설명만으로는 아무도 하나님께로 이끌지 못한다. 오직 예수 그리스도와 그분의 십자가를 높일 때 사람들은 하나님께로 오게 될 것이다요 12:32.

설교자는 예수 그리스도의 대표자로 사람들 중에 있다는 사실을 기억하라. 설교자의 의무는 회중에게 정죄감을 느끼게 하는 것도 아니며 그들이 얼마나 악한 존재인지를 깨닫게 하는 것도 아니다. 설교자는 단지 그들을 하나님 앞에 서도록 인도하는 것이다. 그러면 그들은 자연스럽게 하나님을 믿게 될 것이다. 그 누구도 진리를 들은 후에 전과 같을 수 없다. 진리에 관심이 없다거나 모든 걸 다 잊은 것처럼 말할 수도 있지만 어느 순간 진리가 그의 의식에서 떠오르며 마음의 평화를 깨뜨릴 것이다.

설교자는 각 사람들에 대한 지식과 정보가 아니라 하나님과 그분의 메시지를 주목해야 한다. 우리가 성령을 의지할 때 하나님께서는 그분의 방법으로 놀라운 역사를 일으키신다. 설교자는 진리의 실체를 설교하며, 말씀 그대로 살라.

대부분의 사람들은 진리의 어떤 특별한 부분만 선호한다. 그럴 때 사람들은 도량이 좁고 완고해진다. 종교적으로 자신의 뜻에 동의하지 않는 사람들은 전부 틀렸다고 완강하게 주장하는 설교자는 설교를 통해 주님이 원치 않는 내용을 하나님의 이름으로 선포한다.

만일 사람들에게는 거룩해야 한다고 설교하면서 자신은 거룩한 삶을 살지 않는다면 하나님께서는 설교자로서 그의 자격을 박탈하실 것이다. 만일 설교자가 자신이 전한 메시지대로 살지 못하면 그는 하나님의 메신저로서의 책임을 다하지 못한 것이다. 설교자가 전한 메시지는 부메랑처럼 돌아와 먼저 자신에게 적용되어야 한다. 그렇지 않은 메시지는 위험하다. 설교의 내용과 동떨어진 삶을 살면서 감정 표현만 잘하는 설교자는 착각 속에서 스스로 만족할 수 있다. 하지만 설교자의 삶은 그의 말보다 더 강력한 힘을 지님을 기억해야 한다. 여전히 자신의 마음속에는 타협과 정욕과 세속에 자리를 내어 준 채 다른 사람들의 죄성을 꾸짖는다면 그의 설교는 아무런 효력을 발휘하지 못할 것이다.

하나님이 원하시는 것을 사람들에게 설교하는 것은 대단히 쉽다. 그러나 하나님의 소원을 우리의 평범한 일상 속에서 현실로 이루어 내는 것은 어렵다. 사람들이 보기에는 의로워 보여도 하나님이 보시기에는 위선자들이 있다. 영적 통찰력은 청중을 하나님께로 이끈다. 반대로 설교자의 교묘함은 청중을 자신에게로 이끈다. 천박하고 얕은 사람들은 언제나 잔꾀를 부린다. 번드르르한 성경 해석은 언제나 잘못된 방향으로 나아간다. 하나님의 성령은 겉보기에 번드르르하지 않기 때문이다. 간사함을 주의하라. 간사함은 설교자를 위선자로 만드는 지름길이다. 조급하지 말라. 설교자가 진리의 기쁨을 깊게 누리는 만큼 하나님을 기쁘시게 할 수 있다.

인상적인 설교라고 해도 복음을 전하지 않는 경우가 허다하다. 복음을 설교하는 것은 위대한 믿음 가운데 속죄의 신비를 전하는 것이다. 이러한 복음의 메시지는 다른 사람들의 마음속에 믿음을 만들어 낸다. 이는 설교자의 인상적인 표현에 의해서가 아니라 성령의 강력한 역사에 의해서이다. 하나님의 말씀은 우리가 이해하는 것보다 훨씬 더 많은 역사를 일으킨다. 만일 자신의 멋진 사상이나 우렁찬 연설로 하나님의 말씀을 가리면 사탄의 승리는 확실해진다. 이때 설교자는 바람에 나는 겨와 같이 흔들릴 것이다.

필요하다면 바보가 되겠다는 결심을 하라. 이는 설교자가 반드시 기억해야 하는 철칙이다. 즉, 설교자는 세상 지혜가 보기에 어리석은 것을 전해야 한다. 세상 지혜는 하나님을 어리석게 보며 하나님은 세상 지혜를 어리석게 보신다고전 1:18-25. 우리가 잘못을 저지르는 때는 세상 지혜로 하나님을 변론하려고 하는 때이다. 하나님의 진리 편에 서면 반드시 비난을 받는다. 이때 자신을 변호하려고 입을 열지 말라. 오히려 무언가 얻을 수 있는 지점에서 잃게 될 것이다. 무시와 모욕을 받아들여라. "주 안에서 약한 자"가 되라.

믿음과 삶의 체험을 통해 확인하지 않은 것에 대해서는 결코 어떤 섣부른 추측도 하지 말라. 한편, 정말로 믿음의 체험을 통해 얻은 것이 있다면 이것을 다른 사람에게 전파할 때 '바보'가 될 준비를 하라. 사람들은 하나님의 거룩한 요구를 선포하지 않는 설교를 원한다. "사랑의 하나님에 대해서만 설교하고 거룩한 하나님에 대해서는 설교하지 마십시오. 주께서 우리에게 거룩을 요구하신다는 설교도 하지 마시기 바랍니다." 이러한 요구는 죄 많은 죄인들보다 철저하게 지적이고 교양 있는 종교인들에게 나타난다.

그러나 사람의 비위를 맞추는 설교는 그리스도의 십자가를 모독하는 것이다. 설교에 필요한 것은 성령께서 설교를 통해 사람의 양심 깊은 곳을 탐지하셔서 "그렇다. 너는 잘못되었다"라고 크게 외치시게 하는 것이다. 진리의 실체를 경험한 설교자는 성령의 도움을 받아 청중들의 궤변을 벗겨 놓는다. 성령께서 이러한 역사를 일으키실 때 가장 먼저 가책을 받는 사람들은 가장 선해 보이는 자들이다.

우리가 잘 알고 있는 위대한 심리학적 법칙이 있다. 호소의 조건은 '매력'이라는 것이다. 따라서 사람들을 끌고자 하면 매력적인 사람이 되기 위해 많은 수고를 해야 한다. 우리는 누구에게 호소해야 하는가? 바로 하나님이 우리에게 보내시는 사람들이다. 그러나 우리가 아무리 매력적인 사람일지라도 우리의 힘으로 그들을 오게 할 수는 없다. 그들이 스스로 와야 한다.

"바람이 임의로 불매 네가 그 소리는 들어도 어디서 와서 어디로 가는지 알지 못하나니 성령으로 난 사람도 다 그러하니라"요 3:8.

죄와 구원에 대해 그럴 듯하게 말하지만, 오늘날 사용되는 대부분의 신학적 용어들은 사람들의 마음에 와 닿지 않는다. 그러나 개인의 깊은 영적 욕구를 채울 수 있도록 진리가 제시될 때 그 진리는 단숨에 사람들의 마음을 사로잡는다.

설교자 중에 어떤 사람들은 위대한 부흥을 통해 하나님을 증명하고 싶은 마음으로 무모하게 일을 한다. 그러나 정작 하나님께서 부흥을 주시면 당장 하나님을 망각하고 헛된 열정을 향해 계속 달려간다.

"부지런하여 게으르지 말고 열심을 품고 주를 섬기라" 롬 12:11.

주님의 일에 게을러서는 안 된다. 다른 일로 스스로를 지치게 하지 말라. 그리고 하나님의 진리를 제시할 때 조미료를 첨가해야 한다는 마귀의 음성을 주의하라.

"그러므로 우리가 이제부터는 어떤 사람도 육신을 따라 알지 아니하노라" 고후 5:16.

믿음의 관점이 아닌 상식의 관점으로 사람을 대할 때 우리는 육신을 따라 사람을 판단하게 된다. 하나님을 아는 사람은 상식을 기준으로 다른 사람을 평가하지 않는다. 주님의 계시를 마음에 둘 때 사람을 외모로 판단하지 않게 된다. 하나님의 관점으로 사람을 대하게 되면 세상 기준으로 다른 사람을 판단하는 일이 거의 없다.

"여기까지는 괜찮지만 더 이상은 안 됩니다." 이처럼 설교자가 적당히 타협하며 공적으로 믿음에 바로 서지 못하면 전능하신 하나님의 말씀의 능력을 바다에 던지는 것과 같다. 만일 설교자가 개인적으로 내어놓지 못하는 것이 있다면 하나님을 섬길 수 없다. 주님을 섬기는 제자가 되려면 철저하게 '찢겨진 빵'이 되고 '부어진 포도주'가 되어야 한다. 설교자 스스로가 하나님을 전적으로 의지하는 삶을 살 때 회중들은 하나님의 능력을 느낀다. 그러나 온전히 주를 의지하지 못하고 머뭇거리는 설교자는 회중들에게 천박한 인상을 남긴다.

주님과 연합하여 깊은 사랑 가운데 가르침을 전하라. 만일 거만한 태도와 명령조로 남을 교훈하고 있다면 이는 우리가 영적으로 교만하기 때문이다. 너무나 종교적이라서 가까이하기에 두려운 사람을 만나 본 적이 있는가? 하나님의 향기가 전혀 없는 종교 생활을 주의하라. 두 가지를 기억하라. 설교는 자연스러워야 하며, 하나님의 형상 또한 당신을 통해 자연스럽게 나타나야 한다는 점이다. 극소수의 사람들만이 자연스럽게 가장 소중한 것들을 나타낸다. 그러나 대다수는 자연스러움과 가벼움을 혼동한다. 이는 훈련을 받지 않았다는 사실을 드러낸다.

설교 중에 말을 잇지 못할 경우가 생기더라도 낙심하지 말라. 이를 치료할 수 있는 유일한 방법은 하나님으로부터 긴장감을 극복할 수 있는 능력을 얻는 것이다. 말이 막히더라도 계속 앞으로 밀고 나아가라. 또한 설교 후에 자신에게 실망하지 않도록 주의하라. 설교 후의 기분을 무시하라.

한편 대표 기도를 할 때는 어떻게 회중을 대신하여 기도할 수 있는지를 배우라. 이때 두 관심사의 강줄기가 흐르도록 하라. 하나는 하나님의 관심사이며, 다른 하나는 사람의 관심사이다. 기도를 통해 회중을 가르치려 하거나 교리적인 기도를 하지 않도록 주의하라.

설교는 하나님을 대신하여 말하는 것이다. 즉, 하나님으로부터 사람에게 임하는 말씀이다. 대표 기도는 사람들을 대신하여 하나님께 말하는 것이다. 설교자와 대표 기도자의 적절한 위치는 회중의 한 사람으로서 사람들 가운데 서는 것이다. 말씀을 전하는 설교단은 사람들의 머리 위에 신학을 던지는 장소가 아니라 하나님의 말씀을 대신 전하는 자리이다. 언제나 설교자는 자신이 하나님으로부터 보냄받은 존재라는 것을 명심하라. 절대로 권세 있는 어떤 사람이 보낸 것처럼 건방지게 행하는 일이 없도록 하라.

일이 뜻대로 되지 않을 때 당신은 어떠한가? '오늘 하루를 이러저러한 계획에 따라 지내야겠다'라고 생각했는데 하나님의 섭리 가운데 그 계획들이 어긋난다면 당신의 심령은 어떠한가? 혹시 상심 가운데 다 집어던지고 싶은가! 그렇다면 당신의 계획은 하나님을 고려한 것이 아니며 전혀 영적이지 않다. 위대한 삶의 비결은 언제나 하나님과 가까이 하는 비결을 배우는 것이다.

지칠 때마다 요한복음 21장 15~17절에서 힘을 얻으라.

> "그들이 조반 먹은 후에 예수께서 시몬 베드로에게 이르시되 요한의 아들 시몬아 네가 이 사람들보다 나를 더 사랑하느냐 하시니 이르되 주님 그러하나이다 내가 주님을 사랑하는 줄 주님께서 아시나이다 이르시되 내 어린 양을 먹이라 하시고 또 두 번째 이르시되 요한의 아들 시몬아 네가 나를 사랑하느냐 하시니 이르되 주님 그러하나이다 내가 주님을 사랑하는 줄 주님께서 아시나이다 이르시되 내 양을 치라 하시고 세 번째 이르시되 요한의 아들 시몬아 네가 나를 사랑하느냐 하시니 주께서 세 번째 네가 나를 사랑하느냐 하시므로 베드로가 근심하여 이르되 주님 모든 것을 아시오매 내가 주님을 사랑하는 줄을 주님께서 아시나이다 예수께서 이르시되 내 양을 먹이라."

목양의 모든 비결은 당신을 통해 누군가가 구세주께 가는 것임을 기억하라.

주께서 친히 알려 주신 하나님의 진리를 임의적으로 축소하지 않도록 주의하라. 복음을 선포하면 하나님께서는 전에 없던 것을 창조하신다. 즉, 구속을 바탕으로 믿음을 창조하신다. 사람들이 "간단한 복음을 전하라"고 말할 때 '간단한 복음'의 뜻이 편하게 들을 수 있는 메시지를 의미하는가? 그렇다면 복음을 전하기보다 하나님께서 가능한 빨리 그들의 침체된 영혼 가운데 충격을 주시는 것이 더 나을 것이다.

어떤 사람의 설교가 회중으로 하여금 마음의 결단을 내리는 자리로 이르게 하지 못하거나, 삶의 발걸음과 생각을 조심하게 만들지 못한다면 이는 다음 두 이유 중에 하나이다. 설교자가 가짜이든지 아니면 회중이 더 나아지기를 원하지 않는 것이다. 자신의 메시지를 즐거워하고 겸허하게 믿을 때 사람들이 관심을 갖게 될 것이다.

설교는 지루할 수 있어도 복음은 절대 그럴 수 없다.

18
메시지 준비

손에 펜을 붙들고 곰곰이 생각하면 언젠가 당신이 말하려는 주제의 핵심에 닿게 될 것이다.

"의인의 마음은 대답할 말을 깊이 생각하여도" 잠 15:28.

회중에게 깊이 묵상하지 않은 생각들, 즉 즉흥적인 생각을 전하는 것은 텅 빈 수레처럼 요란하기만 할 뿐 그들을 모독하는 것이다.

설교자는 회중에게 자신이 연구한 많은 내용과 깊은 묵상을 교과서처럼 딱딱하지 않게, 생동감 있게 전해야 한다. 즉흥적인 설교라고 해서 즉흥적인 생각을 말하라는 것이 아니다. 깊은 연구와 묵상에서 나온 설교는 자연스럽게 드러나게 된다. 절대로 부자연스러운 자세를 취하지 말라. 정신적으로, 도덕적으로, 영적으로 무장하고 있으면 두려울 것이 없다.

가장 중요한 것은 설교할 본문을 찾아내는 것이 아니라 성경의 포괄적인 진리 가운데 살아가는 것이다. 그러면 자연스럽게 성경 구절 및 내용이 떠오르게 될 것이다. "어떻게 설교할 주제를 찾는가?"에 대해 말하는 것은 실수다. 메시지 준비보다 앞서 준비해야 하는 것은 언제나 각자의 내면과 삶의 모습이다.

졸린 상태에서 성경을 읽지 말라. 하나님의 말씀을 연구하는 사람은 그 마음과 생각이 하나님, 주 예수 그리스도, 성령, 구속, 죄, 고난 등의 위대한 진리로 깨어 있어야 한다. 우리를 주저앉게 만드는 '나는 할 수 없어'라는 연약한 생각이 마음에 들어오지 못하도록 처음부터 차단하라. 녹슬고 게으른 상태에서 우리가 구원 받고 성결케 된 이유를 다시 한번 생각해 보라.

또한 즉흥적인 설교를 하게 될 때는 자연스럽게 말하기 시작하라. 자연스럽게 말할 수 있는 비결은 거룩해 보이려는 자세를 버리는 것이다. 그러나 많은 설교자들이 답답한 종교의 의복을 입기 좋아한다. 자신의 설교하는 모습이 어떨지 신경 쓰다가 주제에서 벗어나는 일이 없도록 주의하라. 있는 그대로의 모습을 보여 주는 것을 절대로 두려워하지 말라. 사람들 앞에서 보다 더 자신의 의견을 효과적으로 전달하려면 혼자 있을 때 글 쓰는 훈련을 많이 해야 한다. 하나님 앞에서 당신의 문제들을 글로 써 보라. 그리고 그 모든 문제를 주님께 직접 아뢰라.

성령께서 보여 주신 위대한 진리를 보다 깊이 알기 위해 시간을 사용하는 것은 언뜻 보기에 시간 낭비처럼 보인다. 사람들은 '우리는 실질적인 일들을 해야 해'라고 생각할지도 모른다. 준비한다는 것은 우리의 마음이 주의 영감을 받기 위해 주께 드려진다는 의미이다. 감사하게도 성령의 역사를 통해 주어지는 영감은 인간이 의식할 수 있는 차원의 것이 아니다. 그렇지 않다면 우리는 영감을 우상으로 만들 것이다.

말하고자 하는 주제를 너무 세련되게 보이려고 노력하지 말라. 자연스럽게 당신의 속성을 드러내고, 설교를 통해 전달하려는 주제의 실체를 신뢰하라. 힘을 다스리는 훈련은 하나님을 섬기는 데 있어서 매우 귀중한 자산이 된다. 이러한 훈련을 통해 긴장감 속에서 편안하게 호흡하고 당황스러운 순간에도 지혜롭게 대처할 수 있게 된다. 자신에 대해 발견하게 된 것들을 귀중히 여기라.

언제나 즐겁게 준비하라. 모든 준비를 기도로 마치고, 전적으로 하나님께 맡기라. 확신으로 가득 찬 설교를 하고 준비할 때 좋았던 내용들을 떠올리려고 애쓰지 말라.

주님께서 우리와 대화를 나누시며 진리의 세계를 열어 주시면 우리의 마음은 뜨거워진다. 그러나 하나님과 계속적으로 동행하지 않으면 뜨거운 마음은 서서히 식어 결국 재로 변한다. 영적 통찰력은 마음의 청결과 비례한다. 우리의 삶 가운데서 성령을 근심하게 하는 영역은 주를 위해 특별히 경작되어야 할 영역이다. 그러나 문제는 하나님을 위해 우리의 삶을 경작하려는 의지가 없다는 점이다. 영적 나태함은 성령님께 가장 큰 근심거리이다. 나태함은 신체적 문제가 아닌 도덕적 문제이다. 자아 만족에 빠지면 영적으로 항상 게으르게 된다.

무엇을 말할지 외우지 말라. 오래된 썩은 메시지로 남게 될 것이다. 본문을 설명하기 전에 충분히 읽으라. 항상 독서를 하라. 책을 통해 설교할 자료들을 풍성하게 얻을 수 있다. 그러나 기억하기 위해서가 아니라 깨닫기 위해 읽으라.

노트 없이 설교하는 설교자는 두 가지를 자유롭게 구사할 수 있어야 한다. 성경과 모국어이다. 언제든지 즉흥적인 설교를 하게 될 때는 과거의 설교를 기억하려고 하지 말고, 설교 내용에 몰입한 가운데 입을 열고 말하기 시작하라. 주제의 핵심을 붙들라. 그러면 무의식적으로 그 핵심을 표현하게 될 것이다.

명심할 점은 당신의 메시지에 당신이 먼저 은혜를 받아야 한다는 사실이다. 그러면 그만큼 다른 사람에게 은혜를 끼칠 수 있다. 당신이 성경에 익숙하다고 생각하며 안일해질 때 하나님은 주의 천사들을 통해 당신의 옆구리를 찌르신다. 그때 만일 성령으로 충만하지 않다면 당신은 그들을 절대로 '천사'라고 부르지 않을 것이다. 그러나 당신에게 "제대로 하라"고 말하는 그 못마땅한 사람들이 사실은 하나님이 보내신 천사들임을 기억하라.

19
연구

　연구를 시작하는 것은 절대로 쉬운 일이 아니다. 체계적이고 지적인 습관을 가지겠다는 결단이 연구를 시작할 수 있는 비결이다. 억지로 시작하지 말라. 자신의 영리함을 믿고 연구를 게을리하는 일이 없도록 하라. 일꾼은 저절로 만들어지지 않는다. 사람은 시인과 예술가로 태어날 수 있다. 하지만 '일꾼'이 되기 위해서는 스스로 노력해야 한다.

　주님께서는 우리에게 마음을 훈련하라고 하셨다. 게으르면 절대로 하나님께 쓸모 있는 사람이 될 수 없다. 하나님은 게으름을 치유하지 않으신다. 우리 스스로 극복해야 한다. 다른 어떤 것보다 육신의 게으름으로부터 가장 많은 문제가 발생함을 기억하라.

연구 없이 영감이 오는 일은 없다. 연구를 하기 때문에 영감이 오는 것이다. 그런데 우리는 그 반대로 생각한다. 그래서 영감을 달라고 요구하며 아무것도 하지 않고 기다린다. 이것은 게으름이다. 일하라! 생각하라! 영감이 없더라도 연구를 먼저 시작하라! 이 일이 당신에게 익숙하지 않더라도 그렇게 하라.

익숙하지 않은 일을 시작하려면 먼저 자신을 다스릴 수 있어야 한다. 처음에는 시간이 많이 소요되지만 곧 익숙해진다. 이를 방해하는 것은 충동이다. 우리가 우리의 마음을 잡지 않으면 아무도 다스릴 수 없다. 마음을 다스리는 것은 저절로 되지 않는다. 최후의 심판 날까지 아무리 오래 기도하더라도, 우리가 집중하지 않는 한 우리의 두뇌는 아무것에도 집중하지 않을 것이다. 사소한 말이나 일도 철저히 다스릴 수 있도록 하라. 혼자 있을 때에도 공공 사무실에 있는 것처럼 철저하고 정확하게 행동하라.

자신이 태어날 때 하나님께서 두뇌를 주시는 것을 잊으셨다고 말함으로 하나님을 모욕하지 말라. 우리는 모두 두뇌가 있다. 우리에게 필요한 일은 두뇌를 사용하는 것이다. 한 주제만 다루기보다는 여러 주제를 연구하는 것이 정신 건강에 훨씬 유익하다. 두뇌를 이용하기 때문에 피곤해지는 것이 아니라 모든 영역에 예민하게 신경을 쓰기 때문에 피곤해지는 것이다. 일반적인 법칙으로 볼 때 두뇌는 아무리 사용해도 지치지 않는다.

절대로 충동적으로 일하지 말라. 꾸준히 같은 속도로 인내하며 일하라. 그래야만 제대로 일을 마칠 수 있다. 우리가 인내로 일을 마칠 수 있는지는 5분만 보면 안다. 배우는 것과 문제를 푸는 것은 다르다. 배우는 데 유일한 방법은 매일 싫든 좋든 중간에 멈추지 않고 계속 반복 학습을 하는 것이다. 그러면 어느 날 아침, 우리는 깨달음을 얻게 될 것이다. 실패는 반드시 있기 마련이다. 실패를 성공의 디딤돌로 삼으라.

새로운 주제를 연구하기 시작할 때, 주제에 대한 큰 그림이 그려질 때까지 계속 생각을 되풀이하라. 그러면 자연스럽게 지속적인 관심이 따라올 것이다. 정신적인 안일함을 주의하라. 그렇지 않으면 연구하기 위해 책을 읽거나 집중해야 할 일이 있을 때마다 졸든지 아니면 야단 법석을 떨게 될 것이다. 그러면 결코 만족스럽게 일을 마무리하지 못할 것이다. 정신을 집중하는 습관보다 더 중요한 습관은 없다. 이 습관을 키우는 데는 오랜 시간이 걸린다.

보통 어떤 주제가 마음에 큰 울림을 주기 전까지 우리는 절대로 그 주제에 사로잡히지 않을 것이다. 그렇다고 영적인 충동에 따라 행동해서는 안 된다. 우리는 "그리스도 예수 안에 있는" 마음을 형성해야 한다. 사람들은 "나는 이 일을 꼭 해야 할 것 같은 부담을 느낀다"고 말하며 충동에 의해 인도함을 받으려고 한다. 그러나 거꾸로 그러한 충동은 그렇게 해서는 안 된다는 경보음일 수 있다.

영감은 반드시 우리의 삶으로 표출되어야 한다는 사실을 기억하라. 만일 틈날 때마다 서재를 찾아가 연구하는 장소로 만든다면 그곳에 갈 때마다 영감을 얻게 될 것이다. 그러나 서재에서 빈둥거리기만 한다면 언젠가 마땅한 대가를 치르게 될 것이다.

우리의 두뇌에 대해 두 가지를 기억하고 적용하라. 첫째, 두뇌가 무뎌졌다고 느낄 때는 당장 하던 일을 멈추고 놀거나 잠을 자면서 한동안 두뇌를 쉬게 해 회복의 시간을 가져라. 둘째, 주제와 관련된 착상들이 떠오르기 시작하면 당장 주먹을 쥐고 "자, 연구를 시작하자. 가만히 앉아서 끙끙거려 봤자 아무런 소용이 없다"고 말하라. 정신적으로 체하는 현상은 두뇌 현상과 다르다. 정신적으로 체하는 것은 과잉 독서, 과잉 모임 등의 결과이다. 반대로 초조함은 두뇌를 사용하지 않기 때문에 오는 결과이며, 두뇌는 사용되지 않을 때 지치게 된다는 점을 기억하라.

"성경 읽을 시간이 없다" 또는 "기도할 시간이 없다"고 말하지 말라. 오히려 "이러한 영적 훈련이 되어 있지 않습니다"라고 고백하라. 좋은 습관이 형성되기 전까지는 기계적으로라도 자신을 쳐 복종해야 한다. 성령에 의해 감정이 고조될수록 자신을 헌신하려는 결단은 더 분명해진다.

우리는 아무 체계 없이 일할 때, 마치 자신이 일을 열심히 하고 있는 것처럼 착각하게 된다. 이는 일은 시작도 않고 마음만 바쁜 것이다. 일에 대해 말이 많을수록 실제로 일은 하지 않는다. 기도도 마찬가지다. 발전을 위해서는 육적인 영역이든 영적인 영역이든 훈련이 필요하다.

비전은 고된 훈련 가운데서도 든든히 설 수 있도록 해 주지만 유혹은 훈련을 멸시하게 만든다. 몸과 마음이 좋은 습관에 사로잡혀, 그 습관에 꼼짝 못하고 순종하게 하라. 빽빽한 사역 스케줄 때문에 스트레스를 받지 말라. 그냥 곧바로 일을 시작하라. 시작도 하기 전에 맥이 빠지는 이유가 바로 심리적인 중압감에 있음을 명심하라.

20
사고(thinking)

사람은 스스로의 힘으로 지적인 요소들을 발견한다. 그러나 그 지성으로 하나님을 발견할 수는 없다.

"사람의 일을 사람의 속에 있는 영 외에 누가 알리요 이와 같이 하나님의 일도 하나님의 영 외에는 아무도 알지 못하느니라"고전 2:11.

과학 연구에 쏟는 인간들의 수고와 인내를 생각해 보라. 그런 뒤 우리가 올바른 구속의 의미를 이해하기 위해 들이는 노력을 생각해 보라. 구속의 의미를 이해하기 위해 들이는 수고와 인내가 얼마나 부족한지 알게 될 것이다. 우리가 구속의 실체의 바탕 위에 바로 서기 위해서는 우리의 사고를 면밀하게 살필 필요가 있다.

우리는 안일한 그리스도인이 되길 선호하면서도, 우리를 구원하시기 위해 하나님의 마음이 무너졌다는 사실을 생각하기는 싫어한다. 우리는 기도 응답에 대해 천사가 들을 수 있을 정도로 많은 감사를 드리는 반면, 밤을 새며 십자가의 구속을 생각하는 일은 거의 없다. 우리는 이러한 충격적인 영적 나태함에서 벗어날 필요가 있다.

인간의 생각으로 하나님의 계시를 제한하는 일이 없도록 하라. "내 생각을 바꿀 수 없다"고 말하지 말라. 우리의 생각은 바뀔 수 있다. 우리의 마음을 하나님의 관점과 일치시킬 때 실제로 생각은 바뀌게 된다. 지속적인 습관을 통해서 하나님의 관점에 따라 생각하며 살 수 있도록 훈련하라.

믿음은 우리의 현실 가운데 여실히 보여지게 되어 있다. 만일 자신에 대해 스스로 어떠하다고 생각하며 인생을 살아간다면 반드시 스스로 속게 될 것이다.

"대저 그 마음의 생각이 어떠하면" 잠 23:7.

즉, 우리는 '우리의 모습대로' 현실 가운데 생각을 나타내게 되어 있다. 삶의 전반적인 체계를 가늠하고, 이치를 분명하게 따진다고 해도 실제 삶에 반드시 변화가 있는 것은 아니다. 성숙한 생각을 가지고 있다 하더라도 삶은 미숙할 수 있는 것이다.

인간의 사고로 설명할 수 없는 것들을 주목하라. 진리는 마음을 다해 순종할 때 분별된다. 개인의 삶에 위기가 찾아올 때는 주께 순종해야만 분명하게 설명되는 애매한 것들이 있다. 순종하는 즉시 우리의 지식이나 사고로 이해되지 않던 것이 해석되는 것이다. 우리가 순종해야 할 부분은 언제나 지극히 실제적인 것들이다. 순종은 기독교 사고의 기초이다. 순종하기 전까지는 사고의 전반적인 영역이 불투명할 것이다.

인격적인 삶과 관련된 모든 영역에서 우리는 바른 지식을 취할 책임이 있다. 이해할 수 없다고 말하는 것을 주의하라. 분명해야만 이해할 수 있는가? 혼돈을 겪으며 자신에게 지독하게 실망하게 될 때 오히려 기뻐하기를 배우라. 그 순간부터 하나님만이 우리를 '질서' 있고 '아름답게' 만드실 수 있음을 이해할 수 있기 때문이다. 젊은이들의 삶에는 혼란이 있어야 한다. 그렇지 않으면 발전이 없다. 최상의 답변을 얻을 때까지 생각을 멈추지 말라. 계속 하나님께 여쭈어라. 우리를 만족시키는 답변은 우리의 건강 및 분위기까지 다 바꾸어 놓을 것이다.

자신의 삶의 속성과 관계를 차단하지 말고 하나님께서 당신 삶의 모든 속성과 관계에 들어오시도록 하라. 그러면 '세속'과 '거룩' 사이에서 방황하던 당신의 악몽과 저주가 떠나가는 것을 발견하게 될 것이다. 지적 완고함은 마음을 굳게 닫히게 한다.

"예수께서 이르시되 너희가 맹인이 되었더라면 죄가 없으려니와 본다고 하니 너희 죄가 그대로 있느니라" 요 9:41.

사고는 느닷없이 할 수 있는 것이 아니라 섭리 가운데 발생하는 사건들을 대할 때마다 꾸준하게 해야 한다. 특히 하나님은 항상 우리에게 '내가 어디에 서 있는가'를 생각하게 하신다. 하나님의 섭리와 전혀 상관없는 '만일 내가 당신이라면…'이라는 헛된 생각에 빠지지 않도록 하라.

책이든 대화를 통해서든 다른 사람들의 사상을 최대한 많이 알도록 힘쓰라. 그러나 다른 사람들의 사상을 취할 때 기억해야 할 것은 그들의 판단보다는 그들의 관점을 취해야 한다는 점이다. 우리에게 가장 많은 생각을 하게 만드는 사람들을 주목하라. 그리고 어떤 생각이 마음에 자리를 잡으면 그것이 우리의 인격이 될 때까지 결코 생각을 멈추지 말라.

하나님은 실제로 온전하시다. 하지만 사람들은 부분적으로는 온전할 수 있어도 하나님처럼 온전할 수 없다. 예를 들면, 도덕적으로 영적으로 각성되어 있지만 지적으로 죽어 있을 때도 있다. 거꾸로 지적으로는 깨어 있지만 도덕적으로 영적으로 죽어 있을 때도 있다. 우리의 전인격이 깨어 있으려면 우리를 깨우시는 하나님의 섭리가 있어야 한다. 그 섭리는 우리가 한 번도 사용하지 않았던 영적 근육 및 도덕적 감각을 사용하게 함으로써 성장통 growing pain 을 야기시킨다.

우리를 하나님의 자녀답게 만드시기 위해 성장통을 허락하시는 존재는 사탄이 아니라 주님이심을 기억하라.

그리스도인처럼 살아가지만 사고는 불신자와 같을 수 있다. 우리의 사고는 동료를 향한 태도를 좌우한다. 쉽게 받아들이는 것들에 대해 더 많이 생각하는 습관을 가지라. 이러한 습관은 수고를 통해 자신의 것으로 만들 때까지 내 것이 될 수 없다. 만일 세상과 자신의 비참함만을 생각한다면 우리는 염세주의에 빠지게 될 것이다. 그러나 이러한 비참함을 느껴보지 못했다면 한 번도 분명하고 정직하게 사고해 본 적이 없는 것이다.

끔찍한 것은 예수 그리스도를 무시하는 사람들의 눈이 복음을 선포하는 자들보다 다방면에서 훨씬 넓게 열려 있다는 사실이다. 예를 들어, 노르웨이의 극작가 입센1828-1906은 모든 것을 분명하게 보았다. 그러나 그는 속죄를 고려하지 않고 세상을 보았기 때문에 용서와 구원이 없는 죄의 냉혹한 결과에만 주목했다.

생각을 시작할 때 가장 먼저 사라지는 것은 신학적 교리이다. 우리의 사고가 신학적 관점에 너무 오랫동안 고정되어 있으면 그 사고는 정체되어 생명력을 잃는다. 결코 인간의 보잘것없는 지식으로 성육신하신 이성Incarnate Reason, 곧 하나님을 우습게 여기지 말라.

"내가 아직도 너희에게 이를 것이 많으나 지금은 너희가 감당하지 못하리라"요 16:12.

이 말씀은 우리의 영적인 삶에서 뿐만 아니라 지적인 삶에서도 적용된다.

의심을 하기 때문에 나쁜 사람이 되는 것은 아니다. 의심은 사람이 생각을 하고 있다는 표시이기도 하다. 항상 하나님과 깊은 관계를 유지하는 가운데 생각의 기능을 충분히 사용하여 뇌가 녹슬지 않게 하라. 아무런 생각 없이 가르친다면 우리는 하나님 앞에서 책임을 져야 할 것이다.

종교의 깊은 진리를 단순하게 생각하고 낙심에 빠지지 않도록 주의하라. 충분히 만족할 만한 진리를 경험하기 전까지, 즉 진리와 깊게 친숙해지는 데는 수년이 걸리기 때문이다. 하나님은 우리에게 답만을 주지 않으신다. 하나님은 진리가 마음속에 더욱 깊이 파고 들어갈 수 있는 상황 가운데로 우리를 이끄신다.

문제에 봉착하기 전까지는 논리적으로 말하기가 쉽다. 그러나 문제가 발생하면 논리적으로 말하기가 부끄러워진다. 충분히 생각하지 않고 내뱉는 진리는 사람의 마음을 감동시키거나 아프게 하지 못할 것이다. 논리적인 사고는 두뇌를 만족시킨다. 하지만 인생은 절대로 논리적이지 않다. 논리는 단지 사물과 사건을 정의하기 위한 인간의 지적 방법이다.

그러나 우리는 자신의 논리와 생각보다 더 큰 것을 정의할 수 없다. 또한 우리는 자신이 설명할 수 없는 것을 명령할 수 없다. 그러나 영적인 영역을 설명하려고 할 때 우리는 자신의 논리로 예수님을 다

설명해 버리려는 위험에 빠진다.

"예수를 시인하지 아니하는 영마다 하나님께 속한 것이 아니니"요일 4:3.

우리는 지적intelligently으로 지적 이상이어야 하며 지성적intellectually으로 지성 이상이어야 한다. 즉, 우리는 모든 생각의 기능을 사용해서 자신이 아닌 하나님을 의지하고 예배할 만큼 겸손해져야 한다.

우리 삶의 안일함을 깨뜨리는 것들을 사탄의 일이라고 생각하지 말라. 하나님과 동행할 때 주님은 우리의 사고 능력보다 더 큰 생각거리들을 허락하신다. 하나님은 절대로 주의 종에게 쉽게 표현할 수 있는 생각들을 맡기는 일이 없으시다. 주님은 언제나 우리를 통해 우리가 사고할 수 있는 것보다 더 많은 것을 드러내신다.

21
하나님을 위한 사역자

하나님을 위한 사역자는 자연 세계의 상식적인 사건들 가운데서 살아야 하지만, 동시에 계시적인 사건들을 잘 알아야 한다. 죄, 사람, 하나님에 대해 광범위한 지식을 갖춰야 하는 것이다.

하나님께서 한 영혼을 구원하시는 데 우리를 쓰셨다고 해서 항상 우리를 통해 말씀하실 것이라고 착각하지 말라. 하나님은 그렇게 하지 않으실 것이다. 언제든지 우리의 영적 직관력은 무뎌질 수 있다. 그리고 그 사실은 나 자신과 하나님만이 알 수 있다. 어떤 대가를 치루더라도 영적 직관을 예민하게 느낄 수 있도록 하나님과 투명하고 올바른 관계를 유지하라.

하나님과 가까이 동행하면 성령께서 우리를 통해 다른 사람들의 잘못을 지적하실 것이다. 이때 인생의 여러 문제를 허락하신 분이 하나님이라는 사실을 신뢰하라. 사람들의 마음을 사서 나 자신을 인상 깊게 남기려는 대신에 하나님께서 그들을 다루시도록 반드시 주님께 기회를 드려라.

또한 다른 사람의 잘못을 분별하는 과정 속에 지금 우리 모습이 하나님의 은혜로 되었다는 사실을 망각하지 않도록 주의하라. 죄악으로 가득 찬 사람을 어떻게 대하는가? 과거의 우리의 모습을 기억하는가? 아니면 마치 하나님처럼 우리를 완벽한 존재로 착각하고 상대를 대하지는 않는가? 지난 시절 자신의 모습을 되돌아보면서 결코 "그 진리는 누구 누구에게 해당하는데…"라고 말하지 말라. 그것은 잘못되었다. 그 진리가 다른 사람에게 해당한다는 걸 아는 것은 하나님과 우리 사이의 비밀이다. 절대로 발설해서는 안 되는 이야기이다. 사람들 앞에서 그 사실에 대해 함묵하고 대신 하나님과 대화를 나누라.

사역자로서 사람들에게 하나님을 향한 향수병에 걸리게 하는가? 사역의 가치는 사람들을 예수 그리스도께로 인도하느냐에 달려 있다.

"나를 사랑하느냐? … 내 양을 먹이라."

이 말씀은 하나님의 아들이 우리를 위해 생명과 피를 주신 것처럼, 우리도 다른 사람들을 위해 우리의 생명과 피를 주어야 하는 것을 의미한다. 우리가 할 일은 단순한 봉사가 아니다. 예수님께 충성하는 것이 바로 우리가 할 일이다. 성공을 사역의 동기로 삼으면 주님을 배신하게 된다.

"그러나 귀신들이 너희에게 항복하는 것으로 기뻐하지 말고 너희 이름이 하늘에 기록된 것으로 기뻐하라" 눅 10:20.

현대 기독교 사역의 저주는 사역 자체를 유지시키려는 다짐에서 비롯되었다.

마음속에 다음과 같은 근본적인 원칙을 두라. 하나님의 목적을 이루는 참된 섬김은 그 목적이 이루어지기 전에 반드시 우리 자신이 죽어야 한다는 점이다. 그렇지 않으면 목적을 이루지 못한 봉사만이 남게 된다. 즉, 씨가 자라나 열매를 맺는 것이 아니라 씨가 죽음으로 열매를 맺는 개념임을 기억하라. 이러한 사실 때문에 세상이 기독교를 볼 때 언제나 '절망적인 소망'을 붙들고 있는 것처럼 생각하기 쉽다.

믿음은 구원을 체험하게 하고 우리를 하나님의 사역자로 만든다. 우리는 흩어진 힘을 모아서 믿음의 삶에 집중해야 한다. 세상과 타협하려는 유혹을 피하고, 세상의 유익과 필요를 앞세우려는 마음을 버려야 한다. "세상이 기독교 사역에 관심을 갖고 많은 시간을 쏟아붓고 있으니, 이제 우리도 마음을 열고 그들을 맞아들이자." 이러한 마음을 갖는 순간부터 세상은 우리를 하나님께로부터 멀어지게 할 것이다.

우리는 끊임없이 "내가 유용한 사람인가?" 하고 스스로에게 질문한다. 만일 그러한 사람이라고 스스로 생각한다면 정말로 우리는 성령께 쓰임 받고 있는지 의심해 보아야 한다. 성령은 우리가 마음을 두지 않는 사소한 것들을 사용하신다. 유용한 존재가 되고자 힘쓰는 삶은 유용하게 쓰임 받고 있다는 의식마저 없이 평범하게 사는 삶보다 중요하지 않다.

사역자로서 우리는 하나님의 능력의 통로로 우리가 어떻게 쓰임 받을 수 있는지를 배워야 한다. 대화를 나누는 상대가 우리에게 맘껏 말하게 두라. 내가 옳고 그가 틀리다는 사실을 증명하려고 하지 말라. 만일 교리적인 입장을 가지고 싸운다면 서로에게 아무런 영적 유익이 없다. 하나님께서 섭리 가운데 다른 영혼을 다루실 때는 절대로 끼어들지 말라. 하나님 편에 진실하게 서서 그분을 주목하라. 서투른 방해꾼이 되지 않고 상대의 짐을 나누어 질 수 있는 방법은 우리 안에 계신 성령의 역사를 잠잠히 따르는 것이다.

하나님의 사역자로서 먼저 우리의 마음과 생각을 "나는 하나님의 위대한 목적의 일부분일 뿐이다"라는 진리로 채우라. 사람 숫자만 늘리려는 모든 선교적 '열광'은 하나님을 우리의 관념 속에 가두려고 한다. 성령은 우리가 하나님이 의도하시는 사람이 되도록 강권하신다. 하나님께 우리가 드릴 수 있는 최고의 섬김은 우리에게 맡기신 영적인 목표를 이루는 것이다.

하나님께서 우리가 하는 모든 사역을 제거한다면 우리는 어떤 사람이 되겠는가? 우리는 종종 하나님이 아니라 사역을 예배하는 때가 많다. 바쁘게 사는 삶을 현실적이라고 부르기도 한다. 또한 다양한 활동을 하면서 참된 인생을 사는 것으로 오해한다. 그러나 이러한 삶은 결국 위대한 하나님께 근본적인 뿌리를 두고 있지 않기 때문에 일과 활동이 멈춰지면 모든 것이 수증기처럼 사라진 듯한 허망함을 경험하게 될 것이다.

사역하는 것을 그리스도인다워지는 것으로 오해하지 말라. 사역자가 심각하게 무너지는 때는 그들의 사역이 하나님을 뵙는 것을 막는 때이다. 즉, "사역하느라 기도할 시간이 없다. 성경 연구할 시간이 없다. 언제나 사역하느라 바쁘다"라고 말하는 때이다. 점점 강해지는 삶은 광야에서 하나님께 깊게 뿌리내린 삶이다. 이러한 삶을 사는 사람들을 만나면 그들은 언제나 하나님을 기억나게 만든다.

하나님께서 인도하시는 삶을 살아갈 때 절대로 주눅 들지 말라. 그러나 하나님께서 원하시는 삶이라는 확신이 들지 않을 때는 절대로 그 길을 가지 말라. 조만간 하나님께서 인도하실 것이다. 하나님의 뜻은 우리에게 의심의 그림자를 거두시는 것이다. 만일 의심이 남아 있다면 기다리라. 하나님은 결코 안개처럼 희미하게, 혹은 천둥번개처럼 요란하게 인도하지 않으신다. 주님은 언제나 자연스럽게 인도하신다.

주께서 섭리하시는 평범한 사건들을 멸시하는 것은 하나님을 모독하는 것이다. 따라서 "그런 일을 내가 할 수는 없어"라고 말함으로써 주께서 허락하신 평범한 일들을 무시하지 않도록 하라. 하나님의 일하심에는 특별한 경계가 없다. 일상적이고 인간적인 것들을 통해 하나님은 역사하신다.

> "너는 말씀을 전파하라 때를 얻든지 못 얻든지 항상 힘쓰라"딤후 4:2.

바울의 이 충고를 따르는 사역자는 언제나 새로운 진리를 발견하면서 놀라게 될 것이다. 그의 입으로 선포되는 말씀에는 언제나 변치 않는 신선함이 있을 것이다.

자기 연민이나 다른 사람에 대한 연민을 엄격하게 다루라. 사역자는 다른 사람보다 자기 자신에게 더욱 엄격해야 한다. 사역을 하며 "영적인 연약함으로 인해 지쳤다"는 말은 복음을 증거하는 데 에너지를 사용하지 않았음을 뜻한다. 복음을 증거한다면 육체적으로는 피곤할 수 있어도 영적으로는 놀라운 새 힘을 계속적으로 얻게 될 것이다. 우리가 하나님께 순종할 때 주님은 우리를 죄악이 가득 찬 곳으로 보내실 수 있다. 그러나 우리는 그곳에서 썩지 않을 것이다.

사역자로서 하나님과의 관계에 집중하라. 사람들에게 자신의 모습이 어떻게 보일 것인지 염려해서는 안 된다. 사람들에게 감명을 주기 위해 세련된 용어들을 사용하려고 애쓰지 말라. 사역자의 관심은 사적이든 공적이든 하나님을 예배하는 것이어야 한다. 하나님과의 긴밀한 관계를 유지하는 사역자는 사람들의 평판을 걱정할 필요가 없다.

또한 누군가의 삶을 평가할 때 언제나 우리가 알 수 없는 요소들이 있다는 사실을 기억하라. 왜 어떤 사람은 하나님께 오고, 어떤 사람은 오지 않는지 우리는 알 수 없다. 인간의 속성에는 사람이 감지할 수 없는 무언가가 숨겨져 있기 때문이다. 그리스도인의 영혼 속에는 하나님이 보시기에도 성스러운 영역이 있어서 천사들마저 두려워한다는 사실을 깨닫는다면, 우리는 누구를 대하든지 더 이상 함부로 행동하지 않게 될 것이다. 기도하며 기다릴 것이다.

다른 사람들에게 자신이 옳은 것처럼 보이게 하기 위해 말하지 말라. 그들이 옳은 것을 볼 수 있도록 말하라. 그들이 옳은 것을 보게 되면 우리는 전혀 보이지 않게 되고, 그들은 심지어 우리에게 "감사하다"는 말도 잊을 것이다.

무엇 때문에 마음이 상했는지 조심스럽게 살펴보라. 다른 사람이 당신의 말을 듣지 않았기 때문인가? 아니면 성령의 음성을 순종하지 않았기 때문인가? 만일 당신의 말을 듣지 않았기 때문이라면 분명히 뭔가 잘못되었다. 대부분의 경우 우리는 예수 그리스도에게 대항하는 영혼보다는 우리를 부끄럽게 만드는 영혼에 대해 더 신경을 쓴다.

하나님을 섬기고 있다는 착각보다 더 심한 착각은 없다. 가장 배우기 어려운 교훈은 '손을 떼는 것'이다. 그래야 하나님의 손이 역사하실 수 있다. 현실에 만족하며 사는 사람을 대면할 때는 그에게 우리가 귀중한 사람이 될 수 있도록 기도하라. 그로 하여금 우리가 말하는 것을 다 믿도록 만들라. 이 일은 진실한 그리스도인이 해야 할 가장 어려운 일이다.

하나님의 관점에 집중하는 것보다 사역을 하는 것이 훨씬 쉽다. 그러나 사람을 향해 더 큰 동정심을 갖게 되면 갈보리 십자가의 의미를 곡해하게 된다는 사실을 기억하라.

하나님의 동역자로 부름 받았다고 해도 일상의 삶을 무시하며 지내도 된다는 뜻은 아니다. 하나님은 바뀌지 않으시며 성경이 말하는 진리도 변하지 않는다. 오직 달라지는 것은 문제를 바라보는 우리의 의식과 관점이다.

어떤 사람과 상담할 때 그 사람에게 유익하지 않다면 아무것도 고백하지 못하게 하라. 그 대신 하나님께 말하도록 하라. 고백의 습관은 사람을 의지하게 만든다. 고백하는 것이 습관인 사람은 동정심을 자극해서 다른 사람을 영적으로 고갈시킨다. 다른 사람이 말하는 것을 들을지 말지 지혜롭게 판단하려면 지금까지의 인간 관계의 경험과 하나님과의 교제를 통한 삶의 체험이 중요하다.

어떤 사람에게 하나님만이 주실 수 있는 도움을 주려고 하지 말라. 대신 그 사람을 하나님의 손에 의탁하라. 그리고 그와 당신의 마음이 언제나 하나님께 머물게 하라. 우리의 의무는 하나님을 제시하는 것이다. 사람의 생각과 마음을 우리에게로 빼앗아 오지 말라.

사역자로서 우리가 할 일은 항상 구속에 바탕을 두고 삶을 살아가는지 스스로 점검하는 것이다. 삶 가운데 발생하는 무서운 죄악들을 접하게 될 때, 우리가 이해할 수 없는 것에 대해서는 침묵하고 오직 하나님만을 경외하라. 하나님께서는 "내게 그 일을 맡기라"고 말씀하신다.

"우리가 하나님과 함께 일하는 자로서"고후 6:1.

하나님은 전능하신 하나님이시며 땅끝까지 창조하신 위대한 창조주이시다. 우리가 하나님과 동역하면 연약한 우리 삶이 얼마나 견고하게 될지 기대하라.

역자 후기

제자도, 풍성한 잔치로의 초대

이 책을 번역하는 동안 나는 매일 두 시간씩 한 문장 한 문장을 깊이 묵상하며 번역해나갔다. 쉽지 않은 작업이었지만 그만큼 영적인 깨달음과 기쁨이 컸다.

이 책은 오스왈드 챔버스의 신학 사상을 평신도들이 쉽게 이해할 수 있도록 만든 책이다. 특이한 점은, 이 책에 담긴 메시지가 챔버스의 다른 책들에서는 만날 수 없는 내용이라는 점이다. 한때 사라진 내용들을 다시 모아서 만들었기 때문이다.

이 책의 구성을 보면 챔버스의 강의와 설교들을 주제에 따라 모아 놓았음을 발견할 수 있다. 그래서 마치 풍성한 잔치처럼 독자들에게 영적 영양분을 공급한다. 사역자들을 향한 내용도 참으로 깊다. 나는 이 책이 독자들에게 많은 도전을 줄 것이라고 확신한다.

이 책을 읽다 보면 마치 오스왈드 챔버스의 명언들을 주제별로 모아 놓은 느낌이 든다. 혹은 잠언을 읽고 있다는 착각마저 들게 한다. 예를 들어, "다른 어떤 것보다 육신의 게으름으로부터 가장 많은 문제가 발생함을 기억하라.'" "'성경 읽을 시간이 없다' 또는 '기도할 시간이 없다'고 말하지 말라. 오히려 '이러한 영적 훈련이 되어 있지 않다'고 고백하라" 등등.

이 책은 「주님은 나의 최고봉」과 더불어 삶에 바쁜 현대인들이 매일 조금씩 묵상해나가면 유익이 클 것이다. 이 책을 통해 깊은 영성의 생수를 마시게 될 것을 확신한다.

스데반 황

오스왈드 챔버스 시리즈 22

오스왈드 챔버스의 제자도

1판 1쇄 2012년 7월 20일
1판 2쇄 2013년 4월 15일
2판 3쇄 2021년 1월 25일

지은이 오스왈드 챔버스
옮긴이 스데반 황
발행인 조애신
책임편집 이소연
디자인 임은미
마케팅 전필영, 고태석
경영지원 김정희, 전두표

발행처 도서출판 토기장이
주소 서울시 마포구 망원로 26 토기장이 B/D 3F
출판등록 1998년 5월 29일 제1998-000070호
전화 (02) 3143-0400
팩스 (02) 3143-0646
이메일 tletter@hanmail.net
페이스북 www.facebook.com/togijangibook
인스타그램 @book.library.togi

ISBN 978-89-7782-362-4

- 이 책은 저작권 법에 따라 보호를 받는 저작물이므로 무단 전재와 무단 복제를 금합니다.
- 이 책의 전부 또는 일부를 이용하려면 반드시 저자와 도서출판 토기장이의 동의를 받아야 합니다.
- 이 도서의 국립중앙도서관 출판예정도서목록(CIP)는 서지정보유통지원시스템 홈페이지 (http://seoji.nl.go.kr)와 국가자료공동목록시스템(http://www.nl.go.kr/kolisnet)에서 이용하실 수 있습니다.(CIP제어번호: CIP2016017885)

도서출판 **토기장이**는 생명 있는 책만 만듭니다.
"우리는 진흙이요 주는 토기장이시니 우리는 다 주의 손으로 지으신 것이니이다" (이사야 64:8)